このたび、便所は宇宙である

千原ジュニア

扶桑社

このたび、便所は宇宙である

千原ジュニア

扶桑社

ペンギン
180m

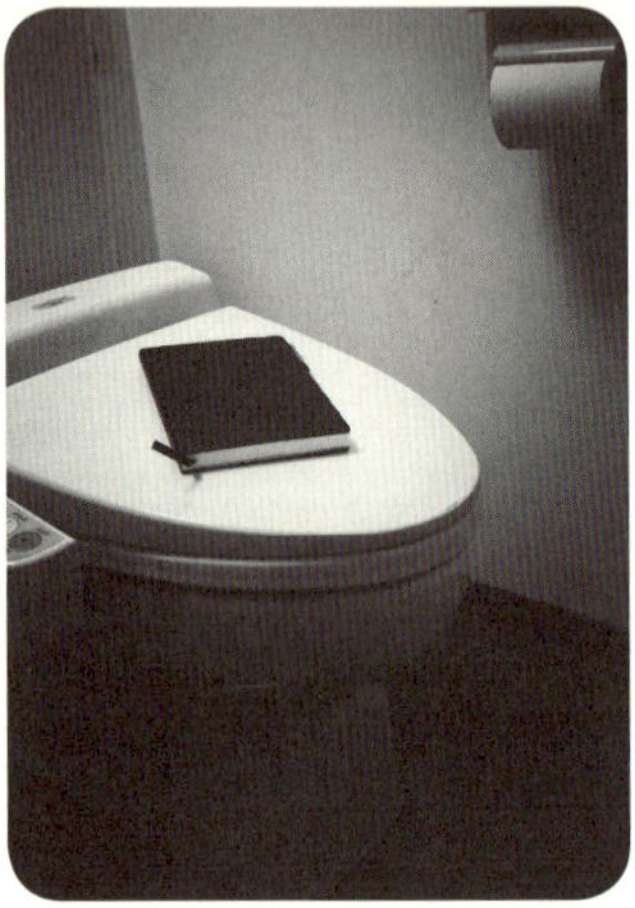

千原ジュニアが住む自室のトイレには、
一冊の黒いノートが置いてあるという。
普段からトイレで物思いにふけることが多いという彼は、
そこで思いついた言葉をノートに書き記す習慣があるというのだ。
その一言は、ジュニアが衝動的かつ無意識に書き殴っているため、
本人ですら思い出せないことも……。
そんな〝便所ノート〟をひもとき、
本人とともにジュニアの思考を巡る旅が、今、始まる！

尚、本書は第一巻「すなわち、便所は宇宙である」、第二巻「とはいえ、便所は宇宙である」、第三巻「あながち、便所は宇宙である」、第四巻「はなはだ、便所は宇宙である」の続編であるため、ノートは353番から始まります。

深慮の章

懸念の章

改悛の章

祝賀の章

[装　幀]　小田 蓉子(井上則人デザイン事務所)
[ＤＴＰ]　土屋 亜由子(井上則人デザイン事務所)
[撮　影]　増田岳二(カバー)　寺川真嗣(対談)　渡辺秀之　難波雄史

深慮の章

歴代マネージャー会

この間、千原兄弟の歴代マネージャーが一堂に会した食事会が開かれました。その数、12～13人。僕とせいじも出席です。3代前のマネージャー・帯川が司会を務め、担当歴の若い順から僕やせいじとの一番の思い出を話すよう振っていきます。古い話になればなるほど、「そんなことが裏であったんか?」という話ばかり。

若いときに「なんかええ話ないの?」と僕に言われると、当時は仕事もあまりないですから、それを言われるのが凄く心苦しかったと。僕が何げなく言ってたことを、そんなふうに考えてくれてたんだと初めて知りました。

東京に出てきたばかりのとき、ある番組のオファーがあったそうです。しかしその番組には、僕らを共演NGとしている人もブッキングされています。そのため、当時のマネージャーは番組スタッフの手違いだろうと、「本当に千原兄弟でいいんですか?」と確認したところ、やはり「今回はナシで……」と言われたそうです。

そんなマネージャーにも、嫌いな芸人がいるようで。そいつは、僕ら以外にも担当していた、僕らより先輩のある芸人のことが大嫌いだったらしく、そっちで溜めたストレスを僕らに聞いてもらうことで発散してたというのです。ある年の正月イベントがお台場で行われ、僕らとその先輩芸人が一緒になったことがありました。帰り道、その先輩が「お前らにもお年玉をやらなあかんな。じゃんけんで俺に勝ったらやるわ！」と言い、そのマネージャーは「そんなもん、スッと出せや！　何をケチっとんねん！」と思ったそうです。するとそのじゃんけんに勝ったせいじが、「こんなところで負けてるヤツが売れるかー！」とその先輩芸人に向かって叫んだとき、誰よりもそのマネージャーが「よっしゃあ!!」と喜んだという（笑）。

あと、千原兄弟でライブをやったときに「ほんまに別部署に飛ばされるんちゃうか？」というほどの大赤字を出したそうです。その大赤字は次のマネージャーに引き継がれ、「これ、どうすんねん」と。そこで次のライブでは赤字を出さぬよう、車のスポンサーをつけることにしたそうです。向こうの条件はただひとつ、「事故に関するネタはNG。それ以外なら何をやってもいい」と。しかし、なぜかマネージャーは僕にそれを伝えることをせず、本番1週間前。仕上がった台本を見ると、思いっきり事故のネタから始まるライブだったのです。「今からネタを作り直してくれ」と僕にも言えないなか、もう腹をくくって黙っていることにしたそうです。するとスポンサー側から「面白かった」と言われ、奇跡的に問題にはならなかったと。

そして、僕が事故ったときの裏話も聞きました。当時のマネージャーのケータイに、

〝03〟から始まる番号からかかってきたそうです。「03って何やねん。トラブってる電話やったら面倒くさいなー」と1回は無視。しかし再び〝03〟からの着信が。そのとき、何の勘が働いたのか「あ、これはジュニアさん事故ったな」と思ったそうです。出てみると相手は東京女子医大。聞けば身内しか病室に入れないため、せいじに連絡すると、ヤツは飲んでいる最中でした。

「なんで俺が行かなアカンねん！」

「せいじさんしか入れないんです！　早く来てください！」

「チッ！　面倒くさいのー!!」

そう言ってあいつ、ホステスを連れて病院に来たんですよ（笑）。僕の変わり果てた顔面を見てニヤニヤしているせいじを、薄れゆく意識のなか、僕は覚えています。そして病室を出たせいじは、「こんなもん、全部お前らが悪いんじゃ！」とわけのわからない悪態をつき、病院に立ち小便までして帰っていったそうです。それを見たマネージャーは、

「こいつ、ほんまに嫌い！　こいつが事故ればよかったのに!!」

と思ったそうです（笑）。

ダンスの発表会

せいじの息子・夕《ゆう》から、「ジュニアパパ、今度の○日空いてる?」というメールが来ました。聞けば、ダンスの発表会があるらしく、来てほしいと。たまたま空いていたので、行くことにしました。

そのとき、ある番組スタッフからいただいた〝天井に映し出せるプラネタリウム〟を夕に持っていくことにしたんです。生き物や石など自然が大好きな夕が持っていたほうが、そのスタッフさんも喜んでくれるでしょう。

会場に着き、せいじの奥さんに「これを夕に」と渡しました。僕は最初、公民館みたいなところでやるのかと思っていたのですが、1500人ぐらいが入れる立派な会場で。20組ほどのグループが出るのですが、彼らはみな選抜メンバーらしく、限られたメンバーしか出られない発表会でした。つまり、夕も選抜メンバーだったのです。

僕の席は、そのでかい会場の、前から3列目のど真ん中。そこで観ていると夕のグループが出てきて、夕も立派に踊っています。これは親族である僕にしかわからないことですが、リズム感のない千原家の血を体内に流しながら踊るって、ほんま鉄下駄を履いてるようなもんなんですよ。もしくは、靴のかかとを踏みながら100m走って10秒切る、みたいな。めちゃくちゃ稽古したんだろうなと思ったら何か泣きそうに

なって、気づいたら、

「タ――！　タ――!!」

と絶叫していました（笑）。すると3列目ですから、僕の声が届いたのでしょう。タはこちらに向かってかっこよくポーズを決めてくれました。

その夜、タからメールが。

「帰り、タクシーやったから、荷物も邪魔にならんで済んだわ」

こんな言われ方あります？（笑）　よかれと思ってプラネタリウムをプレゼントしたのに「電車やったら、どうするつもりやねん」みたいな言い分。

彼は星、スターですよ（笑）。

心遣い

ベッキーと上戸彩ちゃんが某所に旅行に行くというので、僕は友達が経営してるご飯屋さんを紹介したんですよ。3日後、その友達から「ほんまに凄いな」と連絡が。何かと思ったら、ベッキーと上戸彩ちゃんから「おいしかったです。ありがとうございました」という直筆の手紙をもらったというのです。これは、普段から手紙を書いているからできることなのでしょう。凄い心遣いだと思います。

先日、某ラジオ局にいたら、ちょうど同じ局に居合わせた上戸彩ちゃんがわざわざ僕のところまで来てくれ「この間はありがとうございました。おいしかったです」と挨拶してくれました。これも凄い心遣いだと思います。

僕の誕生日に両国国技館でライブをした際、漫画家の先生たちに似顔絵を描いていただいたりと、いろんな方に協力していただきました。芸人の先輩なら直で会ってお礼も言えますが、普段お会いできない方ばかりですから、それも難しい。ですから、手紙を書くことにしたんです。

で、書き始めたら、手紙とはこんなに難しいのかと。定型文で書いても気持ちが伝わらないだろうと思い、マナー違反かもしれませんが自分の言葉で書かせてもらいました。その人との距離感によって内容も違ってきますし、今回協力いただいた『キャンディ・キャンディ』のいがらしゆみこ先生がどんな方なのか、正直存じ上げません。こんなふうに、思いを伝えようと一生懸命に書いていたら、丸一日かかってしまいました。

僕もたまにファンレターをいただきますが、サラッと読んでしまいがちです。ですが、書いてくださる方は「どの言葉にしようか」「ここは書き直そう」と、あの文面には凄いエネルギーが注がれていることが今回の件でわかりました。次からはもっとしっかり読ませてもらおうと思いましたね。

誕生日ライブでは、『ROOKIES（ルーキーズ）』の森田まさのり先生にも似顔絵をお願いしたのですが、似顔絵をいただくタイミングで、もう森田先生から手紙をいただいていました。

というのもその昔、『ろくでなしBLUES』をやってはるときに、「次回作は芸人のことを描きたいので話を聞かせてほしい」という話が僕のところに来たので、編集の方も交え、ご飯に行ったことがあるんです。結局、そのときは実現しませんでしたが、それからしばらくして『べしゃり暮らし』が連載開始。そのときに対談したこともありました。

さて、森田先生からの手紙には【あの対談のときの言葉に感謝しているんです】とありました。

【僕は漫画の世界しか知らない。だから作品も薄っぺらになってしまう。それがコンプレックスだと対談のときに言ったら、ジュニアさんは「それが作家じゃないですか」と言ってくださいました】

そりゃ、そうです。人殺しの漫画は、作家が人を殺してるのか？　という話です。

【「ゼロから生み出すのが作家というものですよ」。その言葉を言われたとき凄く嬉しくて。それがあったからこそ、今も漫画家を続けられてるんです。ありがとうございました】

僕もこれからは手紙を書いていこうと思いましたね。

356

TOKIO

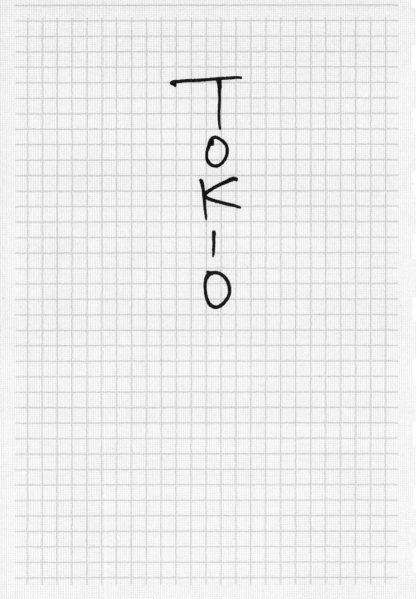

心遣いの話をもうひとつ。前に、千原兄弟の歴代マネージャーらと食事会をした、というお話をさせてもらいました。「あのとき実はこうでした」とか「俺にこんなこと言われた」など忘れてることだらけで。

17〜18年前、東京に来たばかりで仕事も知名度もまったくなかったとき、TOKIOの松岡くん主演のドラマで、僕に犯人役のオファーが来たことがありました。現場でスタンバってると、主役の松岡くんがわざわざ僕のところにやって来て、こう声をかけてくれたんです。

「お兄さんとは、いくつ離れてるんですか?」

これは凄いひと言ですよ。というのも、そのころ、僕は東京でまったくテレビに出ていません。それなのに、「お笑い芸人なのも知ってます」「千原兄弟というコンビ名も知ってます」という、松岡くんの思いをすべて含んだひと言なのですから。なんという心遣いでしょう。

しかし当時の僕はまだめちゃくちゃ人見知りで、しかもゴリゴリに尖っているころでした。

「お兄さんとは、いくつ離れてるんですか？」

こんな気遣いの詰まったひと言に、僕は松岡くんと目を合わせることもせず、指を4本立て、無言で「4」と手で応えただけでした。最低です（笑）。

実はこの話、僕はまったく忘れていたのですが、今回のマネージャー会で教えてもらったんです。そのマネージャーは「松岡さんのあのひと言がどんだけ凄いかわかります⁉」と、僕に怒ったそうで。NANIWAからTOKIOに出てきて、そのTOKIOのほうから歩み寄ってくれてるのに……。

今度、松岡くんに謝罪の手紙を渡そうと思います（笑）。

発注ミス

この間、浜田さんの番組に行ったときのこと。収録は15時スタートだったので14時15分ごろ楽屋に着くと、マネージャーしかいませんでした。いつもならそこにいるスタイリストさんがなぜかいないのです。そのことを尋ねると「確認してみます」と、マネージャー。すると、吉本のチーフマネージャーがスタイリストさんに発注し忘れていたことが発覚しました。

すぐスタイリストさんに電話すると、「何とか届けます」と。しかし収録開始の15時には間に合わず、着替えてスタジオに着いたのは15時15分でした。スペシャル番組だったのでたくさんの出演者、そして浜田さんを待たせてしまったことになります。ですから僕は、現場にいた吉本の人間にこう聞きました。

「これ、どうしたらええ？」

「浜田さんには番組のスタンバイが遅れている、と言ってあるので何も言わないでください」

僕が「ウチのマネージャー陣がスタイリストの発注を忘れていて」と言わないほうが、スムーズにいくということです。本当のことを言うことでヤブ蛇になるなら黙っておこうと。正直、何か僕がウソをついているようで気持ちが悪いのはたしかです。

でも、僕のひと言でおかしな空気になってしまうのなら、仕方ありません。

そして収録が始まりました。浜田さんが次々とゲストを呼び込み、

「初登場、ジュニアー！」

「よろしくお願いしまーす！」

「お前の衣装待ちや!!」

えええええっ！　浜田さんの耳に入ってるやん！

ということは、僕ってただただ謝ってない失礼な後輩芸人やん！

なんなんでしょう、この腫れ物に触る感。もう最初から、本当のことを言えば済むだけの話です。その番組名というのが、『プレバト!!（プレッシャーバトル）』。どういうプレッシャーのバトルやねん！　収録前から、嫌なプレッシャーが始まってしまいました。

とはいえ、みんないろいろと頑張ってくれています。吉本にはＤＶＤを出す『よしもとアール・アンド・シー』という関連会社があります。そこから僕がやってる番組

やライブのＤＶＤを、ずっと出させてもらってるわけです。

先日、本社に行くと『すべらない話』のＤＶＤの告知ポスターが貼ってありました。松本さんを筆頭に大輔や小籔、僕の顔が描かれており、収録された話のキーワードが顔に添えて書いてあります。例えば松本さんなら、インパルス・堤下の話をしたので、

「つ・つ・み・し・た？」

と書かれてあります。そして、僕のところに書かれた文字を見て、もうがく然としました。このＤＶＤには、「ディズニーシーのクラッシュ」という亀についての話が収録されています。すると、僕の顔の横に、

「亀に助けられたんです」

いやいやいや、それはオチやん！　ポスターにオチ書いてどういうつもり!?　もうね、亀に助けられて、身内にやられましたわ！

もし、そのポスターを見て、ＤＶＤを買った人がいたとします。

「ああ、亀に助けられるんだな」

と買う前に思い、実際に観たら、

「やっぱり亀に助けられた。うん、でしょうね！」

もうね、ポスターの文面を見たらがく然としすぎて、老け込みましたよ。とんだ玉手箱ですわ。

いやほんとに、映画『猿の惑星』のＤＶＤジャケットに、大オチである朽ちた自由の女神像が描かれてあるという、あのパッケージを見たとき以来の衝撃でしたよ（笑）。

チャゲ&飛鳥

あの事件以降、マスコミはこぞって「シャブ&飛鳥」と書き立てますが、これではチャゲさんが事件を起こしたようで、チャゲさんが可哀そうすぎます。せいじが事件を起こしたのに、「シャブ原兄弟」と書かれ、僕までやってたかのように思われるのと一緒です。ですから本来なら、「チャゲ&シャブ」が正しいはずなんです。

「♪余計なものなどないよね〜」

凄く純度が高いブツのように聞こえてしまいます。

「♪今からそいつを殴りに行こうか〜」

チャゲさんからすれば、今ならめちゃくちゃ気持ちを入れて歌えることでしょう。

こういう気になることって、ほかにもあります。

小栗旬くんがやってる『ペプシ』の桃太郎のCM、あれ凄くかっこいいです。桃太郎が颯爽と馬に乗って、家来を引き連れ鬼ヶ島に向かいます。

いやいやいや、動物増えてますやん（笑）。

今までずっとイヌ・サル・キジでやりくりしてたのに、そこに馬という動物が増えると話が変わってきますから。

フジテレビの『続・最後から二番目の恋』、それはもう、ただの〝最後の恋〟です。

今度、テレビ朝日でやる『必殺仕事人　２０１４』、それはもうただの〝現代劇〟です。……みたいなことを、僕は言っていきたいんですよ（笑）。

自分から

先日、新幹線に乗っていて名古屋に近づいたので出口に移動した際、そこに鶴瓶師匠がいらっしゃいました。挨拶をすると、

「おはよう。何?」

「名古屋でNHKの収録なんです」

「俺も、名古屋で『鶴瓶噺』や」

「そうですかー」

次の瞬間。パッと見たら、師匠が一般のお客さんに話しかけだしたんです。やっぱりですやん!

その「やっぱり」というのは、さかのぼること数年前。『笑っていいとも!』で、タモリさん、鶴瓶師匠、僕の3人でのフリートーク『タモ福亭ジュニア』というコーナーがあり、そこで鶴瓶師匠の数々の逸話が出てきました。例えば、間違い電話をかけてきたおっさんと喋りこんで喋りこんで仲良くなり、のちにそのおっさんの娘さんの結婚式に出席したとか。その敷居のなさはバリアフリーどころか、ドアすらありません。僕とタモリさんは「自分から話しかけにいくのはおかしい」と言うも、鶴瓶師匠は「自分からはいってない!」と反論されてました。

僕の番組のスタッフが入社1年目のとき、局の廊下で鶴瓶師匠を見かけたそうです。まだ一般人の感覚で「うわ、鶴瓶や！」と心の中で思っていたら、すれ違いざま、

「自分、俺のファンなんやろ？」

と声をかけられたそうで、そこからファンになってしまったと。通りすがりの人間にそんなこと言えるなんて、どんな感覚やねん（笑）。そんないきさつがあったので、新幹線で改めて指摘しました。

「自分から声かけてますやん」

「いやジュニア、これはホンマにちゃうねん。だから、よそで絶対に言わんといてくれ！」

「いや、自分からいってますやん」

「これには前段があんねん！」

「前段？　何ですか？」

「俺がデッキで落語の稽古をしてたら、『写真撮ってください』って言われたんやけど、稽古中やから言うて断ったんや。で、稽古を終えて席に戻るときにその人がおったから、『さっきはごめんなさいね』って話しかけたんや。だから自分から喋りかけ

たんちゃうねん」

そして、こう付け加えました。

「よそで、俺から喋りかけたって絶対に言うなよ！」

ほどなくして名古屋に到着。僕はいつも駅のホームにある立ち食いのきしめん屋に寄っていくので、「師匠、ここで失礼します！」と挨拶。すると、鶴瓶師匠は階段を下りながら、こう言いました。

「そうか、ジュニア。それとな、自分から喋りかけたんちゃうねんから、絶対よそで言うなよ！」

きしめんを食べ、収録現場へ。楽屋にいると、電話が鳴りました。

「はい⁉」

「鶴瓶ですけど。ほんまに俺から喋りかけたんちゃうからな。だから、ほんまによそで言うなよ」

いやもう、どんだけ「言え」って言うとんねん！（笑）

しかし、さすがです。

もう、〝鶴瓶に完敗〟です。

ラジオの投稿

僕のやってるラジオ番組で、こんなおハガキをいただきました。女性ふたりで横浜中華街に行き、ガイドブックを広げ、「どの店にする?」と言いながら歩いていたと。すると背後からこんな声が。

「そんなもんに頼ってるようじゃ、まだまだ素人や!」

なんとそれが、せいじだったというのです。続けて、せいじはこう言ったそうです。

「ええ匂いがするやろ? その匂いの先が、お前らのゴールや!」

そう言って、去っていったと。しかもそれを見た投稿者は、

「カッコイイ〜」

と思ったそうです。いや、おかしいおかしい!「なんてデリカシーのない失礼な人なんですか!」という苦情ならまだしも、です。こんなふうに、たまにせいじが好きだと言う人がいます。

先日、お酒の席で萬田久子さんと同席させていただくことがありました。萬田さんは「せいじを呼んでくれ」と仰り、後半かなり酔っぱらわれると、

「なぜ、お前なんだ? なぜ、せいじじゃなくジュニアなんだ?」

と連呼。なぜかあいつは大人気なんですよ。ですから僕もあいつのように、知らな

い世界にも飛び込んでみようと思ったんです。

とか言ってたら先日、女優さん、歌手、野球選手などいろんな職種の方が集まるという、ピーターさん主催のパーティーに誘われたんです。こういう知らない人ばかりのパーティー、普段なら絶対に無理です。しかし、今回は飛び込んでみることにしました。

そして当日。開始は夜7時です。しかし「やっぱり……」と、いつもの人見知りが顔を覗かせます。

「それはアカン！　よし、後輩を連れていこう！」

いや、それだといつもの小さいコミュニティーがパーティー会場に移っただけになります。

「よし、俺ひとりで乗り込むぞ！」

こんなふうに決意を固めてるうちに、気がつけばもう9時に。

「よし、もう行こう！」

意を決しひとりで行くと、当たり前ですが、やはりみなさんひとりで来てはりました（笑）。……僕はもうひとりでも大丈夫です。

361

Youさん

先日、『櫻井有吉アブナイ夜会』に呼んでいただきました。そこでオンエアされたのは、20年来の付き合いになるＹＯＵさんと飲んで、それを遠くからただただ撮影するというもの。ＹＯＵさんには僕が事故ったときにいろいろとお世話になりました。折れた歯の隙間から豆腐しかすすれないというとき、めちゃくちゃおいしい栄養満点の野菜スープを作ってくれたりとか。お姉ちゃんのような存在です。

そんな昔話をしつつ飲んでいると、女性の店員さんが「こちら、お下げしますね」とお造りの皿を下げようとしたのです。しかし僕の角度からは、大葉の下に一切れ残っているのが確認できたので「まだ食べます」とひと言。「すいません」と店員さんは向こうへ。するとＹＯＵさんは、

「なに、その態度⁉　感じ悪い！」

「えっ⁉」

何でしょう、この〝寝耳に水〟感。

「相手の目も見ずにボソッと『食べます』って感じ悪い！　私だったら、『これ凄くおいしいですよね！　まだ1枚残ってるので、いただきます』って笑顔で言うわよ」

そして、こう続けます。

「アンタはテレビや舞台でたくさんの人を笑顔にするために一生懸命やってるんだろうけど、お金もらわないと人を楽しませることができないの⁉　『おいしい！』とか『楽しい！』とか表現しないと、誰にも伝わらないよ！」

たとえ思いは一緒でも、ＹＯＵさんの表現は伝わり、僕の表現では真意は伝わらない。カメラの前で説教されてしまいましたが、まったくそのとおりです。

収録を終えロケバスに戻ると、モニターを通し一部始終を観ていたマネージャーの大谷が、偉そうにこんなことを言ってきました。

「ＹＯＵさんの言うとおりですよ！　わかってますか！」

翌日、山下智久くんの『大人のＫｉｓｓ英語』の収録へ。カップで音を鳴らす、アメリカで大流行中というカップス。小さな女の子が興じたりと、投稿されたビデオを僕は興味深く観ていました。収録が終わり楽屋に戻ると、大谷にこう言われました。

「山下さんは『凄い！』とかリアクションしてるのに、ジュニアさんはただしかめっ面で観てるだけじゃないですか！　昨日ＹＯＵさんに言われたこと、全然守れてないじゃないですか！」

そのまた翌日。この日はチーフマネージャーが替わるということで、その人が現場に挨拶に来ていました。初対面なので、ひと言だけ挨拶を交わしたのみ。すると、また大谷が……。

「なんで『もっとこういう仕事がしたい』とか喋らないんですか！　ＹＯＵさんが言ったこと、全然守れてないじゃないですか！」

「初対面やし、喋られへんねん」

「そういうことじゃないですよ！　最後に見送りだけするって言ってたので、まだ待ってますよ」

「じゃあ喋るよ」

「当たり前じゃないですか！」

そして帰りのエレベーターの中で、新しいチーフマネージャーを発見。

「誰と同期なん？」

「××と同期です」

「あー、そうなん」

「昔、大阪の２丁目劇場で新人研修があって、その際にジュニアさんに挨拶させてもらったことがありました」

「あー、そうなんや。そこからずっと大阪におったんや?」

「はい。このたび東京に異動になりましたので、よろしくお願いします」

「こちらこそ、よろしくー。ほんなら、お疲れー」

世間話でしたが彼とだいぶ喋りました。そのまま大谷とタクシーに乗車し、僕はこう言いました。

「お前見てたか? 俺、めっちゃ喋ったやろ!」

「まあ~喋れてましたね」

何やねん、そのギリ合格みたいな言い方は!

移動車

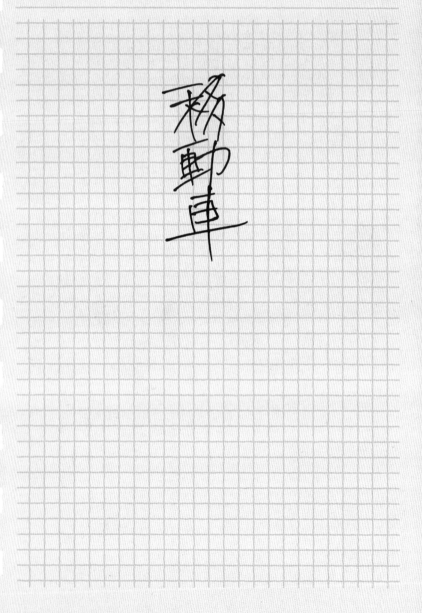

仕事柄、都内を移動することが多いんですが、ほかのタレントさんは移動車で事務所が送り迎えしてくれるんです。テレビ局の駐車場にいたら黒塗りのエルグランドが入ってきて、そこから「えっ、誰?」っていうようなグラビアアイドルが降りてきたり。かたやこっちは自分でガソリンを入れて、自分でハンドルを握り、自分で道を調べ、自分の口座からETC料金を引き落とされる。ほんま、移動車がないのって吉本だけちゃいますかね。

仕事終わりにお酒を飲むときはタクシー移動になるんですが、例えば自宅にタクシーを呼んでもらったとき。僕がタクシーの前に着いたら、運転手さんが降りてこられます。で、ドアを開けて、閉める。運転手さんが乗る。ドアを閉める。もう行くかな～と思っても、まだ出発しません。運転手さんがシートベルトをする。そして、予約の時にウチのマネージャーがすでに言うてるはずなのに、

「お台場でよろしいでしょうか?」

これ全部、いる?

運転手さんが乗ったままでドアを開けるっていうのは、どの角度から見ても失礼じゃないと思うんですが、このやりとりが長すぎて、かなり時間を無駄にします。降り

るときも、こっちは目的地に着く前に財布をごちょごちょしてますよ。もちろん、着いたときにすぐ払いたいからです。で、到着してすぐ払って降りようとしたら、運転手さんが先に降りて、ドアを開けて、僕のところまで回ってドアを開けて……。いやいや、さっきの小銭のスムーズタイムを全部持っていってますよ、それ（笑）。こうなってくると自分で運転手を雇うしかないんですが、それはそれで新たなストレスが生まれそうで。移動、難しいです（笑）。

この間、酔っぱらって夜中にタクシーに乗ると、運転手さんが、

「ジュニアさん、本当にすみませんでした！」

と、いきなり謝ってきました。わけを尋ねると、タクシーは1台を昼夜交代で乗車しているそうで、なんとその運転手さん、僕がバイク事故を起こしたときの原因となったタクシーの、当時昼に乗ってた人だったのです。

「ウチの相棒が、本当にすみませんでした！」

僕はもうベロッベロだったので、

「あ、ほんまっすかー!?　奇遇ですねー」

と答えるのが精一杯。さぞかし、器がでかく映ったでしょう（笑）。

新婚さんいらっしゃい

先日おばあちゃんの法事があり、「実家に行ってみたい」という後輩2人とともに帰省したときのこと。法事を済ませ、妹の息子である甥っ子と遊んでいたのですが、もうむちゃくちゃかわいいんです。僕のことを〝こーじー〟と呼ぶのですが、

「こーじー知ってる？　メロンパンナちゃんとロールパンナちゃんは姉妹なんやて」

「え、姉妹なん⁉」

「でも、あまり会われへんねんけど……」

大人が食事してるなか、まだ3歳ですから眠くなったのでしょう。

「こーじー、もう寝る。寝てる間に鬼が来たらやっつけてくれる？」

「そんなもん当たり前やがな。俺がやっつけたるよ！」

後輩らとなんだかんだ明け方まで飲み、寝始めてまだ小1時間ほどしか経ってないころ、ドアが突然開きました。

「こーじー！」

「どうした⁉」

「鬼、来えへんかったー」

「そらそやがな！　こーじーが鬼、やっつけたからな」

「ありがとう」

なんなんでしょうこのかわいさ。小1時間の睡眠でも全然起きれます（笑）。

その日の午後、みんなでお昼を外で食べようとなったのですが、オトンが部屋から出てきません。結局オトンを置いて外食へ。食事を済ませた僕らは帰京のため、京都駅に向かいました。するとオカンが電話でオトンと何かを喋り、電話が終わっても何か呟いてます。

「絶対ウソや、絶対ウソや」

「なんやねん？」

「お父さんが『寝てもうてて、いま起きた』言うてんねんけど、そんなちょうどなはずがない」

「だからなんやねん？」

「『新婚さんいらっしゃい！』がおもろい言うて、いつもニヤニヤしながら観てんのよ。気持ち悪い」

聞けば、オトンはここ何十年も『新婚さんいらっしゃい！』を欠かさず観ているらしく、この日も見逃したくないのでウソをついて食事に来なかったというのです。

僕はこのとき初めて、オトンがそこまで『新婚さんいらっしゃい！』を好きだということを知りました。何がそんなに面白いのか気になった僕は、先日初めてちゃんと観てみたのですが、なかなかの下ネタなんですね。オトンはこれが好きなのかと（笑）。

僕が観たのは、ベトナム人の若い旦那さんをもらった奥さんの話が、むちゃくちゃウケている回でした。ホテルで働いてた奥さんが、間違って部屋のドアを開けると客であった旦那さんが着替えているところに遭遇したと。奥さんはそのときの印象をこう振り返ります。

「凄い筋肉質で、開けた瞬間に抱かれたいと思った」

会場がドカーン！と大爆笑。そして司会の文枝師匠が椅子から転げ落ち、

「女性が何てこと言うねん。で、そこから何か月後にそういう関係になったんですか？」

「その日の夜です」

会場ドカーン！

文枝師匠がまた椅子から転げ落ちています。

「ほんで、どやった？」

「凄いよかったです」

会場ドカーン！

この奥さんがドッカンドッカンきてるから、文枝師匠も「俺も何か、ひと仕事！」と思われたのでしょうか。師匠は自分の靴を脱ぎ、セットの後ろにブワーンと突然投げたのです。もう、腹を抱えて笑ってしまいました。

重鎮中の重鎮、上方落語協会の会長が、素人に負けたくないという思いなのか、靴を投げるって凄いです。こういうのを観ると、僕なんかテンションの設定が低すぎというか。先人たちのパワーを見習って、もっと高めに設定しないとダメだなって思いました。


後日、それを文枝師匠の弟子である桂三度に言ったところ、「それはええのを観たな」と。というのも師匠が靴を投げるのは、何年かに1回しかない〝レア回〟だというのです。『空耳アワー』でいえば、ジャンパーがもらえる回でしょうか（笑）。僕はそれを偶然にも観ることができたんです。

そして、遠く離れた福知山でも、オトンはそれを観ていたことでしょう。

幸せ

この前、品川駅でフジモンとたまたま一緒になりました。ふと見るとフジモンのTシャツの背中にシールがついており、よく見るとシールには〝4歳以下〟の文字が。

「シールついてんで。これ何？」

「それかー！　家出るとき、優樹菜が何かごちょごちょしてたわー」

そう言うと、もうニッヤ〜〜と笑みがこぼれています。

聞けば、この〝4歳以下〟というシール、花やしきのフリーパス代わりに小さい子に貼られるものだとか。それを嫁のイタズラで背中に貼られたと。

「玄関で、なんかごちょごちょしてたわー」

幸せの染み渡った笑みが、もうジュワ〜〜ッとこぼれています。

こんな幸せそうなこと、ある⁉　というか、同期なのに、なんなんでしょうこの距離は。ほんまに『雲と泥』ですよ。もし僕とフジモンがコンビ組むなら、コンビ名は、〝UN AND DAY〟にしたいと思います。

僕は『泥』担当なので、せめてアルファベットにさせてください（笑）。

三つ子の魂

三つ子の魂百までというか、人の芸風は小さいときにもう決まってるんじゃないのか。先日、小籔とずんの飯尾さんと喋っていたとき、そんな話になりました。

小籔が6～7歳ぐらいのとき、親戚一同が集まると必ず親父さんがする話があったそうです。親父さんはその話をだいぶ気に入ってるらしく、その話をすると決まって声がでかくなると。親戚の人たちも何回も聞いた話なのに、毎回声がでかい。そんなときに小籔は必ず、その話をする親父さんに対して「コイツ、めっちゃイキっとんなー」と思っていたそうです。もう、今の小籔の芸風そのままです。

また、ずんの飯尾さんは小さいころ、親父さんが晩酌する姿を見て、「これ、なんていうおつまみ？」と聞いたそうです。すると返ってきた単語がたまらなくいい響きで。次の日に学校に行き、友達の耳元でこう言ったそうです。

「ぱっくりピスタチオ」

もう、今のまんまです（笑）。

僕でいえば幼稚園のときに浦島太郎の絵本で見た、『絵にも描けない美しさ』という一文にこう思った記憶があります。

「いや、絵に描けてるやん？　何言うてんの？」

ずっと、そんなことばかり言ってます。

また、僕が小学1年生のとき、通学路に選挙ポスターがありました。数ある選挙ポスターのなか、「何や、これ？」と引っかかる1枚があったのです。それが、

【核も角もいりません】

今なら〝核兵器も田中角栄もいりません〟という意味だとわかりますが、当時は意味がわかっていません。ただ、言葉の響きから「大人がバシッと決めにいっとるんやろなあ」と思っていました。ですから、当時から言葉というものが好きだったのでしょう。


せいじでいえば、小学5年生のときに女の子と交換日記をしていたそうです。すると23歳のとき、その子から突然の電話が。

「千原くん、おめでとう！」

「何や⁉」

というのも、彼女は結婚を機に身辺整理をしていたら当時の交換日記が出てきたと。

するとそこに〝俺は吉本に入り芸人になる〟と書かれており、「夢が叶ったのね」と連絡がきたのです。

また、アイツが小学5年生のときに書いた作文がこの間、実家から見つかったのです。そこには、〝俺は世界各国を飛び回る人間になる〟と書かれていました。

今や『こんなところに日本人』で毎週世界中を飛び回ってますし、2つとも夢を叶えてるんですよ。もう、あいつは本田圭佑です。そのうち、両腕に時計しだすかもしれません（笑）。

そして、うどんの聖地・香川県に生を受けたオモロー山下。大学進学を機に大阪に来て、そのまま芸人に。大阪で売れ、東京進出を試みるも、あまりうまくいかずコンビは解散。芸人もやめると自暴自棄になった山下に、相方だった渡辺が「もう1回やろか」と再結成。しかし渡辺は売れるも、山下は鳴かず飛ばず。じゃあ自分に何ができるのか考えた末、うどんの修業して、目黒にうどん屋を開店……。

じゃあ、ずっと香川におったらよかったやん。

これはちょっと違うか（笑）。

対バン

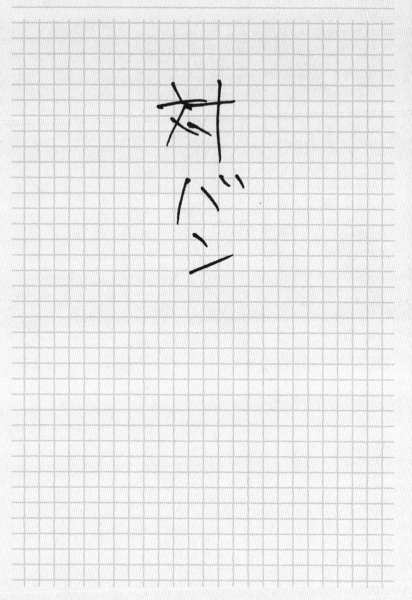

何か不思議な仕事が、トントンと入ってきました。スペースシャワーTVでやってた音楽番組『MI6』でその存在を知って以来、ひょんなことをきっかけに知り合い、ウチで酒を飲んだり彼らのライブに行ったりするようになった、クリープハイプの尾崎くん。その尾崎くんがあるとき、

「7月16日にZEPPでやるんですけど、対バンしてくれません？」

「対バン？　何、言うてんねん」

「いや、何かやってくださいよ」

「でも、俺バンドちゃうから」

「今、対バンしたいバンドがいないんです！　お願いします！」

結局、対バンならぬ対人をやることになったんです。彼らのファンは物凄く若いです。彼らの音楽を聴きにきているところに芸人が出てきて、何をするか？　持ち時間は1時間ほどですから、30分の落語を二席やろうかと考えました。しかし僕のできる落語は『死神』と『人面瘡』というテイストの似ている二席しかないので、それはやめようかなと。いろいろ考えたのですが、以前自分のライブでやったこともある詩の朗読をやることにしました。これならお金もかからず、セットも要りません。今、新

たな詩を書いているところなのですが、さて、どうなることやら、です。

あと、いまスペースシャワーTVでやってる僕の番組『千原ジュニアの鼓膜』で、チームしゃちほこというアイドルの楽曲の作詞をしませんか？　と依頼されました。以前、ここでも「一度作詞をしてみたい。歌詞は、情報を羅列するだけにしたら面白いかも」とお話ししたことがありました。ですから、そのスタイルで書いてみたんです。

タイトルは『んだって!!』。歌詞の一部は、こうです。

【1円玉ひとつ作るのに2円かかるんだって】

【塩と砂糖、同じ量を混ぜて舐めると、しょっぱいんだって】

【とうもろこし、どんな大きさでも粒の数は偶数なんだって】

【地球上の人口を全員集めたら淡路島に入るんだって】

みなさん、ついにこの便所日記から曲が生まれましたよ（笑）。

甲殼類

ふとね、甲殻類って凄いやつなんじゃないかって思ったんですよ。まず、ボディ。甲殻類のボディはめっちゃ硬くて、自分たちをガッチリ守るようにできている。そんだけ守りたいならもう生まれてくるなよ、というくらい守っています。また、なかには両腕に武器を備えて生まれてくるやつもいます。

そして世の中には、甲殻類アレルギーの人がたくさんいます。これも、甲殻類の執念深さというか。「食され命を絶たれても、ただでは死なへんぞ」という復讐です。

しかしエビやカニはおいしいですから、甲殻類が大好きだという人がたくさんいます。甲殻類は「どうぞ、我々の種族をいっぱい食べてください」と誘い、結果、風が吹いても痛いといわれる〝痛風〟に持っていくのです。この執念、この憎念たるや。『さるかに合戦』という昔話があります。親を殺された子ガニがサルを殺すという話で、これも甲殻類の復讐劇となっています。

また、ヤシガニという甲殻類のボスみたいなやつがいます。殻はめちゃくちゃ硬く、1発で指をいかれるようなごついハサミ。それだけ武装しても人間に捕られ、高級食材として珍重されています。しかしヤシガニは雑食で、その昔土葬だった沖縄では、人間をも食べていたという説があります。ですから、ヤシガニからすれば、人間に対して「それをお前らは、回りまわって食うてんねん」ということになります。

そして、人が人を食べることを「カニバリズム」と言います。……もしかしたら、カニはすべてわかってるんじゃないでしょうか。くしくも〝解ってる虫〟と書いて「蟹」になりますから。

アイヒマンという、ナチス政権時代の軍人がいました。物凄い数のユダヤ人を虐殺し、最後は裁判にかけられ、死刑に。処刑台の上で「最後に言い残すことは？」と尋ねられ、こう答えたそうです。

「ユダヤ教に改宗させてくれ」

最後の最後に反省でもしたのか？　と再び問われたアイヒマン。しかし彼はこう返します。

「これでまたひとり、ユダヤ人が殺せる」

つまり自分がユダヤ人となり、自らの死をもって「もうひとりユダヤ人を殺せる」と言ったのです。甲殻類の話をしていたら、このエピソードを思い出してしまいました。

人間と甲殻類、最後はどちらが勝つのでしょうか。もしかすると、地球の最後の最後、甲殻類がピースしているかもしれません（笑）。

顔

前の回でとりあげた甲殻類の執念。そんなことを思いながら、1週間ほど宮古島に行ってきました。僕はこう見えても泳ぐのが凄く好きで、素潜りもそこそこできます。サザエや伊勢海老だって、今回もすぐに見つけました。ですから、これをお読みの関係者の方、僕を『黄金伝説』に出していただけないでしょうか（笑）。

ネットで購入した肌にやさしいノンケミカルの日焼け止めを塗り、一日中海で遊んでいました。夜は夜で、島民の友達がたくさん集まり、4時ごろまで飲んで。

しかし翌朝に起きると、顔がパンパンになっていたのです。もはや〝むくみ〟という範ちゅうを超えています。後輩に「何すか、その顔！」と笑われましたが、腫れているだけで身体は健康そのもの。ですからまた海に遊びにいき、そして夕方には少し腫れが引いたので、また朝まで散々飲んで。

そして朝起きると、さらに顔がパンパンです。前日に笑っていた後輩も「さすがにこれはシャレにならないですね」と言い、病院に行くことに。すると先生は、「これは薬のアレルギーですね」と診断し、注射を打ってくれました。しかし僕は薬など飲んでいません。食べ物だって、みんなと同じものを食べているだけです。

翌日の朝も病院で注射を打ってもらい、それが効いたのかだいぶ腫れが引きました。その日も海に行くので日焼け止めを塗り、海でウワーっと遊んでいたんです。

昼ごろになると、後輩が僕の顔を見て驚きの声を上げました。

「ジュニアさん、朝より腫れてますよ!!」

朝は注射で腫れが引いていた。しかし昼までの間に何らかのアレルギー反応が起こり、それ以上に腫れてしまった。つまり原因は、日焼け止めしかないんですよ。ノンケミカルと言われているその成分の何かが、僕にとってはとてつもないアレルギーだったのです。塗るのをやめたら、もうビターッと治りました。

でも、日焼け止めが原因と気づく前は、「毎晩エビ食べてたから、甲殻類の怨念ちゃうかな」とマジで心配してました。どこにどんな怨念があるか、わかりませんから。

ノンケミカルの日焼け止めが原因で、パンパンに腫れ上がったジュニアの顔……

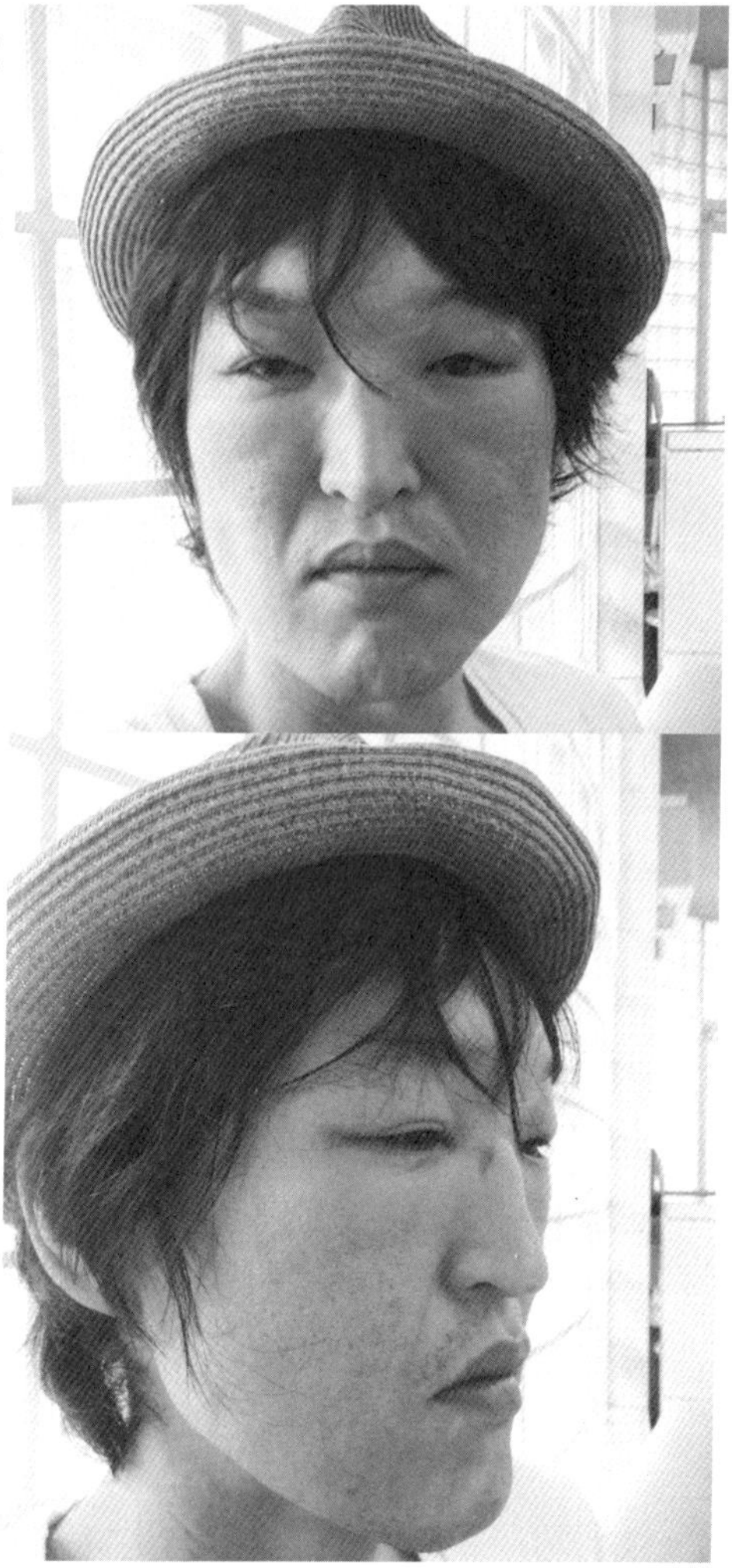

トリハダ

何となく心がけていることがあって、それは体を焼かないことです。というのも、黒いと体が引き締まって見えるせいか、脱いだときにウケが弱くなるからです。ですから、僕の白くてぬるーんとした体がちょうどいいというか。

そしてこのボディに一番似合うのが赤パンです。この赤パン、毎年末に巣鴨のマルジという店で20枚買い、その年にはいてたやつは全部捨てる、という流れでやりくりしています。しかしつい先日、家に残ったパンツを数えたら16枚しかありませんでした。つまり、今年に入って4回も漏らしてしまっているということです（笑）。

『トリハダ㊙スクープ映像100科ジテン』という番組に出させていただいたときのこと。いろんな衝撃映像のなかに、アメリカでおっちゃんがライフルの練習をしている映像がありました。空き瓶をライフルで狙い、その姿を背中に置いたカメラで撮っているというもの。そして空き瓶を置き換えようとしたおっちゃんは、ライフルを立て掛けスーッと空き瓶の元へ。この間もカメラは回っていて、その姿を捉えています。すると立て掛けておいたライフルが風によって倒れ、その拍子に引き金もバーン！と引かれてしまい、おっちゃんの足に当たってしまったのです。もう、予想外の展開に驚き、「どえらい映像やなー」思うて。

収録が終わり楽屋に帰ってパンツを見たら、思いっきりウンコを漏らしてました。

マネージャーの大谷はめっちゃ怒ってます。

「何やってるんですか！　こっちがトリハダですよ!!」

今年はペース早いわー。

このままいったら、今年のパンツの残数、下手したらひとケタかもしれません。なかなかのトリハダ㊙スクープです（笑）。

2つの扉

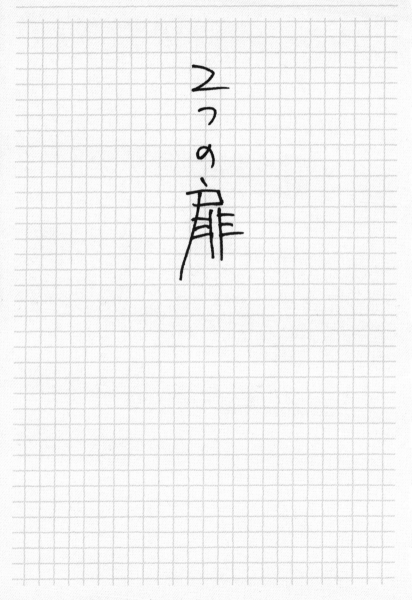

前に住んでた家の近所で昼食を食べ、ぷらーっと歩いていたときのこと。細い路地の奥に、ピンク色したネオン管の小さな看板のようなものを見つけました。「何やろう、あれ?」と思い近づくと、扉が2つあります。何屋さんなのかよくわからず、もちろん一見でスッと入れる店構えではありません。するとその店から、兄ちゃんがパッと出てきて、

「ジュニアさん、ここで何されてるんですか?」

「この店は何なんですか?」

「クラブなんですよ。今度来てくださいよ!」

「へー。隣は何なんですか?」

「系列店で、こちらはカラオケなんです。ちょっと見ます?」

誘われるがままに中を見てみると、ラグジュアリー感漂う店内でした。兄ちゃんは「いつでも来てください」と言い、僕に店の名刺をくれたのでした。

それからしばらくしたある日、後輩とご飯食べて、銭湯に行って。行きたいお店もあらかた行ったので、ほかに行くところもありません。さあ、万策尽きたぞと。いや、

尽きてないぞと。そういえば、そんなことが数か月前にあったのを思い出したので、そのクラブに行ってみることにしました。

中に入るといろんな人がいて、半分ぐらいが外国の方でした。僕は何となくソファに座りお酒を飲んでいると、肩を叩かれました。見ると50代後半のおばちゃんです。

「私の友達が、アナタの大ファンなのよ。一緒に飲まない？」

「えっ⁉」

「ほら、あそこで手を振ってる」

手を振ってるのは60を過ぎたおばちゃんでした。なんか面白そうな気がしたので、一緒に飲むことにしました。すると60すぎのおばちゃんが、

「私、あなたの大ファンなのよ」

「ありがとうございます」

「ねぇ、ふたりきりで、隣のカラオケに行かない？」

こちらも面白そうですが、さすがにふたりっきりでは……と思い、お断りすると、

「じゃあ、みんなで行きましょうよ！」

結局、後輩や50代のおばちゃん、みんなと隣のカラオケに行くことに。すると、60

すぎのおばちゃんが僕の目を見ながら、ラブソングを歌いまくってきたんですよ。

髙橋真梨子さんの「♪あなたが欲しい～」を歌うわ、僕の手を握りながら、松田聖子さんの「♪ホーミィー～」を歌うわ。怖くなった僕は、「俺、もう帰りますわ」と言い、後輩と部屋を出たんです。

すると僕に一番最初に声をかけてきた50代のおばちゃんが、バーッとドアのところに駆け寄ってきて、僕にひと言。


「シャイだから～～～」


いやいやいや！

こちらもトリハダものでした（笑）。

ポンコツ

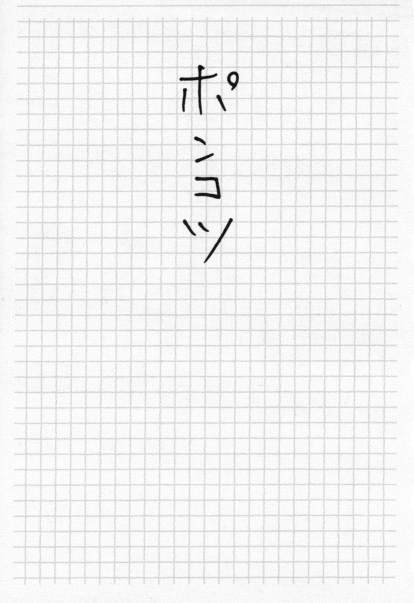

普段遊んでるヤツでも、旅で寝食を共にすると、今まで見えなかった部分が見えてきたりします。

先日、夏休みを1週間いただき、相も変わらず40がらみのおっさん5人で宮古島に行ってきました。旅行にいくと一番下の後輩に僕の財布を預け、クレジットカードの暗証番号も教えて会計係をやってもらっています。今回、会計係をまかせたそいつは見た目もシュッとしてて、東京で飲みにいっても会計係をそつなくこなします。

しかし宮古島でご飯を食べたときのこと。会計係のそいつに「さっきのご飯、なんぼやった？」と尋ねると、

「ちょっとわかんないっす」

えっ⁉　ということは値段も見ずに、ただカードの暗証番号を打ち込んでいるんですよ。僕はそこにちょっと狂気を感じました。

宮古の友達、総勢20〜30人がワーッと集まりご飯を食べていると、別の店で飲んでる5人組の島民から「こっちに来ればいいさ〜」と電話があり、そちらに合流。そこで軽く1杯飲み、別の店に移動しようとしたら、その島民が「ジュニア、ごちそうさん」と。

……えっ⁉　島民がそこで散々飲み食いしたぶんも、その会計係が勝手に払ってたんですよ。お金を払うのは全然いいんですけど、前任の会計係のヤツはもっと島民との距離も詰めてましたし、その辺のこともうまくやってくれてました。しかしそいつはそれもなく、ドライというかクールというか。

また、そいつより年上の後輩も連れていったのですが、お前もそんなにポンコツだったの⁉　ということがこの旅で発覚しまして。

凄い地味な話で恐縮ですが、ある後輩が「宮古のキャバクラに行ってみたい」と言うので、地元の情報が載ってる分厚いフリーペーパーを見るよう促しました。するとそいつは、フリーペーパーの1ページ目から見出したのです。

いやいや、宮古のメインはキャバクラか！　空がきれい、海がきれい、マリンスポーツと続き、キャバクラ情報なんて載っててもケツのケツです。それを1ページ目から調べるなんて。「【轍《わだち》】の意味を調べて」と言われて、辞書で〝あ行〟から見ていくようなものです。20歳そこそこの子ならいざ知らず、40がらみのおっさんがこれですから驚きです。しかもこいつ、ご飯を食べて帰り際、会計係の一番下の後輩に対して

「ごちそうさまでした！」って言ったんですよ。もう俺、関係ないやん（笑）。

ですからもう、これからはいったん全部割り勘にしてもらって、帰京後に精算しようかな、とか本気で思ってしまいます。というか、なんでそこまでして後輩を連れていかなアカンねん！（笑）

さて今回の宮古島、かなりでかい台風が直撃するというので、1日半前倒しで帰京することになりました。帰っても1日ヒマなので、バイきんぐの小峠くんも合流して富岡製糸場に行くことに。近場の温泉宿を押さえ、宮古から帰ってきたその足でメンバーもそのままに、レンタカーで富岡へ向かいました。

温泉宿でくつろぎ、夜中の1時半ごろ。旅館の横には川が流れており、「川のせせらぎを聞きにいかないっすか？」と小峠くんが言い出しました。いつものメンツだけだとそういう提案もないので、「面白いこと言い出すなあ」と思いつつ、行ってみることに。すると、駐車場に女の子2人組がいて「握手してください」と。聞けば、僕らが夕方に立ち寄ったコンビニの子らで「この辺に泊まるならこの宿しかない」と見当をつけ、ずっと待っていたというのです。握手して写真を撮って、小峠くんのおかげで彼女らに喜んでもらえました。

「外に出てみるもんやなあ」

「そうでしょ？　それに川のせせらぎでも、近くで聞いたら凄い轟音ですもんね。やっぱ生で聞かないとわからないですね」

「そうやなあ」

「な、風情があっていいだろ」

小峠くんが、金額を見ずに暗証番号を打つ会計係の後輩に聞きます。

「いや、部屋で飲んでたほうがいいと思います」

「は？　なにお前、クールに決めてんだよ！　じゃあ、お前に子供が生まれたら、俺みたいな子とお前みたいな子、どっちがいいんだよ！」

「自分みたいな子がいいです。みんながいいって言うからって流されるような子、俺は嫌っすから」

「お前、何言ってんだよ！」

翌日、富岡製糸場を見学し、群馬サファリパークへ。バスからエサをやれるツアーの時間まで30～40分あったので、軽食コーナーで待つことに。すると小峠くんらが「これ、めっちゃうまいですよ！」とソフトクリームを食べています。

「ええな、それ。でも丸々1個は食べられへん。1口2口だけ食べたいねん。残り、食べてくれる？」

僕は会計係のヤツに、そう言いました。

「ん～、ん～、……はい」

かなりの長考の末、「……はい」と答えたのです。するとその瞬間、小峠くんが、コーンに巻かれてる紙をそいつの顔面に投げつけ、

「テメエに考える余地なんてねえんだよ！　先輩にすべておごってもらって、『ん～、ん～』って、なんの間だ!!」

さすがの小峠くんも堪忍袋の緒が切れたのでしょう。

「なんて日だ!!」ならぬ「なんの間だ!!」です。

それがもう、おかしくておかしくて（笑）。

必笑

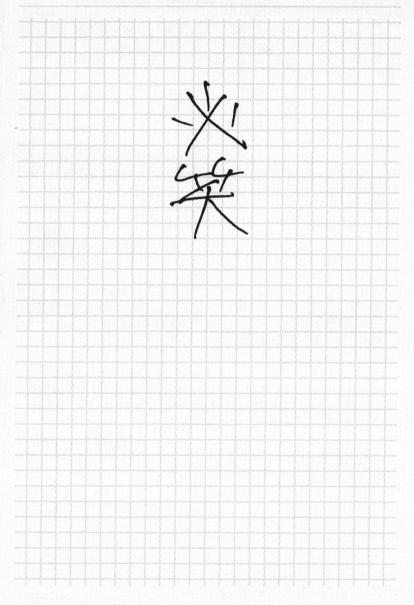

夏の甲子園も終わってしまいましたが、僕が気になったのは石川県予選の決勝。8対0と大量リードされた星稜高校が、9回裏に9点を入れサヨナラ勝ちをするという、物凄い試合がありました。これがもし漫画なら、ベタすぎて途中で読むのをやめてしまうレベルです。

その星稜のスローガンが『必笑』。「笑えば前向きになれる」という思いから『必笑』になったそうです。その試合をYouTubeで観たのですが、8対0の劣勢でもう後がない9回裏の攻撃に入っても、1人目のバッターが笑ってるんですよ。地元の放送でこれを観た人は「あまりの負けっぷりに笑てもうてるやん」と思ったんじゃないでしょうか。

しかしこれは、得点差コールドのない決勝だからこそ起こったドラマ。ということは、コールドというシステムによってもっとすごい試合がなくされていたのかもしれません。コールド負けをしたチームもこの決勝戦を見て「もっといけたはず」と思ったことでしょう。

また、今年の夏も出場した明徳義塾は以前、ゴジラ松井を5打席連続敬遠して、この策を出した監督は世間からむちゃくちゃ叩かれました。でも実はこの監督、2年前の予選で、違うバッターにまた5打席連続で敬遠させていたのです。この一貫した塾、凄すぎです（笑）。

あと、ヤンキースに移籍したマーくんが右ひじを故障し「高校時代の酷使が原因では？」という話に端を発した、高校野球へのタイブレーク制度導入問題。延長に入ったら1アウト満塁から始める、というルールです。これをお笑いに当てはめて考えると、M－1決勝で同点になったコンビ同士が、最後のボケだけ言い合い「どっちが面白かったか？」を決めるようなものでしょうか（笑）。

そして僕が聞いた話で、桑田真澄さんの凄い話があります。ご存じのとおり1年生のときからPL学園のエースとして大活躍しますが、実はいろんな球種を投げられたにも関わらず将来のプロ入りを見据え、肩やヒジの消耗の少ないストレートとカーブしか投げなかったというのです。多彩な変化球を封印してもPL学園を甲子園優勝に導いたというから、驚きです。

スポーツではいろんなことが起こります。ドネアというフィリピンの強豪ボクサーが先日の試合で、2ラウンド目にバッティングにより眉の下を切り負傷。するとレフェリーが試合を止めてもないのに、「痛い、痛い」と自らドクターチェックに行ってしまったのです。「これはドネアらしくないですねえ」と、いぶかしげに言う解説者。

3ラウンドに入っても、「痛い、痛い」と痛がっています。4ラウンドに入ると、ドネアがパーン！とダウンを取ります。しかし「痛い痛い、血が出てるから見てくれ」とレフェリーにかけより結局、負傷判定に。ダウンを取ってますから、1ポイント差でドネアがギリギリで勝利。しかし、あまりにもしっくりこない、この試合。実は控室に戻ったドネアはこう言ったそうです。

「何なんアイツ⁉　なんでスパーリングでケガさせられるほど、ガンガンくるの？行儀悪いわー」

そう、バッティングで意識が全部飛んでしまい、本人はスパーリングだと思ってやっていたというのです。スポーツはホントにいろんなことが起こります。

タレントとファン

ファンの人はその対象であるタレントやアーティスト、つまり母体を表しているというか。例えばビジュアル系のファンは同じような格好をしています。宝塚のファンもタカラジェンヌ同様ビシッとした格好で、出待ちのマナーも凄くよかったりします。『いいとも！』をやってたころ、アルタ前に入り待ちのファンが。見ると1列目はしゃがみ、2列目は中腰、3列目は立ち、通路をビシーッと開けて行儀よく待っています。「これ、今日のテレフォンゲスト誰やろ?」と思いそこを通ると、そのファンの方々から、「ジュニアさん、今日はよろしくお願いします！」と挨拶され……。

その日のテレフォンゲストは、ももクロだったのです。

先日、夜中の2時半ごろ「もう1軒飲みにいこか」となり、中華料理屋に入りました。途中、僕はトイレに行こうと立ち、ふと見ると、ガリッガリの女性が料理を5皿ほど並べ、一心不乱に食べているのを目撃しました。この異様な空気を醸し出す人を横目にトイレに行き、また席に戻って。

しばらくすると、会計のためレジに来たその女性は、僕を見つけて騒ぎ出しました。

「うわっ、千原ジュニアや！　おい、兄ちゃん、マジック！」

そう言って店員さんに持ってこさせると、

「サインしてや、サイン！」

「はい」

しかしこの女性、マジックしか持っていません。

「え、どこに……」

すると自分が着ているワンピースの肩辺りを指し、

「ここにして！」

「いやいや、これからそれで帰られるのに、そんな……」

「かまへんからサインしてーや！」

そう言いながら、マッキーで僕を何度も小突いてきます。これは早く済ませたほうがいいと思い、サインをしました。すると、

「アタシ、ほんまはな！」

ガーッと顔を近づけてきました。

「せいじのファンなんやけどな！」

でしょうね!!　ファンは母体を表すわー（笑）。

それはどうなん?

「それはどうなん?」って思うようなことって、いっぱいあります。例えば、『カントリーマアム』の新商品である『カントリーマアム クリスピー』。いや、そもそも柔らかい半生タイプの食感がカントリーマアムの売りだったのに、それをカッチカチのクリスピーにしてどうすんねん? みたいな。それはもはや、カントリーマアムではありません。

サブウェイのサンドイッチがめっちゃ好きなんですが、先日、サブウェイとドコモがタイアップして「夏祭りキャンペーン」をしているということを知りました。……いや、全然いいんですけど、地下鉄(サブウェイ)ってあんまし電波入りませんからね(笑)。これも、それはどうなん? ってちょっと思ってしまいます。

あと、カメラ小僧って言いますけど、カメラ小僧はたいがいおっさんです(笑)。

男女何人かでご飯を食べているとき、若い男前の子がいて、その子はタバコを吸います。他のメンツは吸いません。するとその子はタバコを吸うときだけ席を離れて吸っていました。それを見た女の子が、

「凄いやさしい」

「マナーのある人」

みたいに、その男前にポイントが入っていくんですよ。いやいや、そもそも吸ってない俺らにポイント入ってないことがおかしいやんけ！　そういうことが、ちょいちょいあります。

小雨パラつく夜中、道端の段ボールに捨て猫が。そこを通りがかった男前が段ボールの子猫にそっと傘をかけ、自分は濡れながら走り去る。

「カッコイイ〜〜」

いやいやいや、待て待て待て！　拾って帰って最後まで責任持って飼うか、もしくは無視するか。このふたつしかないんですよ。飼えない事情があるなら、無視したとしても何ら悪ではありません。それをフワッと傘置いて帰るヤツがカッコイイ？　その中途半端なやさしさこそが、一番の悪や！　なんで、そこにポイントが入るのでしょう。

ヤンキーが更生して弁護士になったから偉い、みたいな。いや、最初からずっと真面目に勉強して弁護士になった人のほうが、僕は偉いと思います。

ビリギャルが偏差値を上げて有名大学に合格した本も同じです。僕は、小さいときからずっと点数の高かった人の本のほうが読みたい。

先ほどタバコの話が出ましたが、僕は禁煙して8年ぐらいになります。で、それを初めて知った人と結構な確率でこんな会話になることがあります。

「ジュニアさん、タバコ吸わないんですか?」

「8年ぐらい前にやめた」

「スパッとやめれたんですか?」

タバコを吸わないことの表現として「スパッと」を使うのは、ちょっと引っかかってしまいます(笑)。

こないだ土産物屋さんを覗いたら、「ゆず七味にんにく」っていうのを発見しました。「ゆず七味にんにく」って、それはもう九味です(笑)。

代車

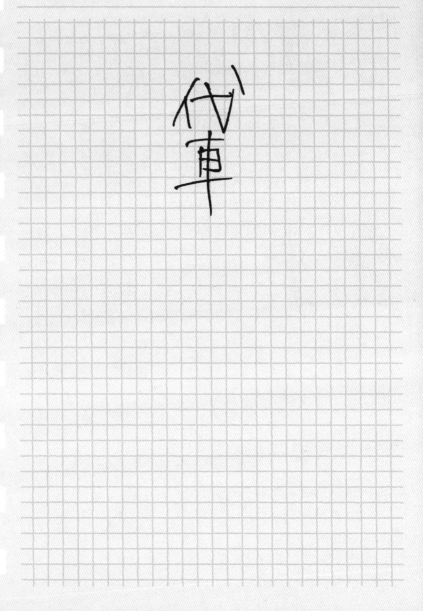

もうかれこれ15年ほど、1979年製の黒のセドリックに乗っています。自分で言うのもアレですけど、旧車のセドリックというのは自分のキャラクターに合ってるかなと思うんです。買い替えるつもりもなく、最終的にはこの車で出棺してもらい、クラクションをパーッと鳴らしてそのまま火葬場行って燃やしてほしいぐらいです（笑）。先日、そんな愛車を車検に出したのですが、やってきた代車というのが、まるで新興住宅街の若奥さんが駅前まで旦那さんを迎えにいくような車でして。

なんと、水色のヴィッツが来たのです。

何でしょう、「とんかつ定食ください！」「そちらは切らしてまして、エッグベネディクトならありますけど」みたいな。いや、それを勧められてもっていう（笑）。まあ車屋さんにも事情があったのでしょうし、ヴィッツは素晴らしい車です。小回りは利くし、見た目より中が広い。でも、やっぱり僕のキャラには合ってません。そしてこういう車だと、こんなにもタクシーに割り込みされるのかと。こんなにも袖ケ浦ナンバーのレガシィに理不尽なクラクションを鳴らされるのかと（笑）。

数日後、車検が終わり愛車が戻ってくる日を迎えました。

その日の夜は食事会の予定があったため、仕事先にはタクシーで行くことになっており、マンションの前には迎車状態のタクシーがすでに来ています。そして、車屋さんが持ってきた愛車もいます。ヴィッツはうちのマンションの地下駐車場に入ってます。これをどう立ち回れば、ムダな歩数とムダな乗り降りを削れるか考えました。

まず一番最初に思いつく手順がこれ。自分の部屋から地下駐車場まで下り、ヴィッツを出して外へ。そして、自分の車に乗り換え、再び地下駐車場に入れる。そして、もう1回地上に上がってタクシーに乗り込む。

でも、これだとムダな歩数が多すぎて、全然正解じゃないぞ！　と。

正解はこうです。まず自分の部屋から1階に下りて自分の車に乗り、地下駐車場へ。そこでヴィッツを一度駐車場から出し、自分の車を駐車場に入れてからヴィッツに乗って地上へ。そしてヴィッツを車屋さんに渡し、タクシーで仕事先に向かいました。

「外と地下への移動が、本当は1回半のはずが1回で済んだ。これでよかったんや。……ん、待てよ。いや、違う！」

僕は自分のやり方が不正解だと気づき、まあまあ落ち込みました。というのも、自分の車で地下へ行き、降りて、ヴィッツを駐車場から自分で出し、降りて、また自分の車を入れ、降りて、ヴィッツに乗り……とよく考えたら手間だらけです。歩数は少ないですが、乗り降りでいうとタクシーも入れて9回。俺なんてまだまだやなと。

本当の正解は、こうです。最初は、自分の部屋からマンションの1階へ行き、車屋さんを自分の車の助手席に乗せて一緒に地下駐車場へ。その際、タクシーにも地下駐車場に来てもらいます。そして車屋さんがヴィッツを駐車場から出し、僕は自分の車を駐車場に入れる。そしてタクシーに乗り換え、車屋さんの乗ったヴィッツとともに地上に出る。これだと乗り降りはたった3回。歩数も全然かかってません。ほら、これが正解なんですよ！

……って、俺、何言うてんねん（笑）。こんなこと、ほんまはどうでもいいんですけど、こういうことを考えるのがめっちゃ好きなんです。

でもこれが難しいところで、ムダを省いてしまうと面白みも削除されてしまうことがあるんです。そのムダな手間のなかに、笑いが隠されていたりしますから。

若者たち

スペースシャワーTVでやってる『千原ジュニアの鼓膜』っていう番組で、自分の好きな曲のジャケットを自由に描こうという企画がありました。そしてそれを審査するのが『NO MUSIC NO LIFE』のコピーを作った、クリエイターの箭内道彦さん。

僕は「好きな曲は？」と聞かれたとき、パーンとすぐ浮かんだのが『若者たち』でした。

【君の行く道ははてしなく遠い　だのになぜ　歯をくいしばり　君は行くのか　そんなにしてまで】

昔から「ここは絶対にスベられへんぞ」という舞台に向かう道中や、「ここで一発爪痕を残せれば、この先変わってくるぞ」という収録スタジオに入るまでの廊下で、自然と頭の中に流れてくるんです。

僕は小さな犬が1匹いて、そこから影が伸びている絵を描きました。また、「帯も書きましょう」という展開になり、帯には【だのになぜ】と書きました。【なのに】ではなく【だのに】。やはりこの歌の一番のポイントはこれだと思うんです。

この収録は今から3か月ほど前、ドラマ『若者たち』のオンエアが始まる前だったのですが、そのとき箭内さんとこんな会話がありました。

「今度、森山直太朗くんが『若者たち』をカバーして、そのジャケットを僕が本当に作るんですよ」

「へー、偶然ですねえ」

その森山直太朗くんが主題歌を唄い、現代版にリメイクされたドラマ『若者たち』。僕は普段あまりドラマを観るほうではないですけど、今は放送日である水曜が待ち遠しくて仕方ありません。妻夫木くんや瑛太くん、満島ひかりさんといった役者たちの芝居のぶつけ合いが素晴らしいんですよ。本気度が凄く、1話目から心を掴まれてしまいました。僕も感動して、ちょいちょい泣いてます（笑）。

しかし、『若者たち』の視聴率は初回こそ12・7%だったそうなのですが、2話目は一気に落ち7%台に。そんななか、あるテレビウォッチャーが『若者たち』についてこんな記事を書いていました。内容を要約するとこうです。

『このご時世に、兄弟が泥にまみれてケンカするような古臭いドラマが当たるわけない。名作は名作のままそっとしておけばいいのに、墓荒らしみたいなことして。結果、視聴率も7％に落ちたじゃないか』

作品ですから賛否があって当然です。でも、これを初回終わりで書いたならいいですけど、2話目で数字が落ちてから書いてるんですよ。しかも〝墓荒らし〟とは、えらい言葉を使ってます。百歩譲ってドラマのスタッフ・演者が墓荒らしだとしても、墓石を動かし、掘って掘って体力も労力も使ってるわ。でも記事の筆者は、人の置いたものをごっそり持ち帰るだけの、ただのお供え泥棒やん。

そりゃあ視聴率はいいに越したことはないですけど、みんな一生懸命やってます。だのになぜ、そんな感じで書くの？

それは〝大人たち〟だからです。

記事

なんか『FLASH』に僕の記事が出たんですよ。マネージャーから連絡があり「凄い変なことが書かれてます」と。この世界ではよくあることなので記事を見ずに無視しててもよかったんですけど、何となく見てみることにしたんです。そうしたら、あまりにも支離滅裂で。この記事を創作した方は本当に歯が汚いんだろうなとか、部屋が臭いんだろうなって思いますね。というのは、トータルで何が言いたいのかまったくわからん記事なのです。

その記事は『すべらない話』の内幕を暴露するというものでした。

まず、僕が事故で入院しているところに松本さんが見舞いに来られて「お前何してんねん、早く帰ってこい」と。それで松本さんは『すべらない話』に僕を1回目から入れてる、と記事にありました。

いや、それ板尾さんです（笑）。

そして記事によると、僕が若手を集めて「オモロイ話ない？」と収集し、それを『すべらない話』で話しているらしいです。そのため最近では、若手は僕の前では「面白い話はしないでおこう」となってると。それが事実なら、後輩の腕は相当です（笑）。

また、「ジュニアと松本は、最近では不仲だ」とも。いや、そもそも不仲という言葉は対等な関係に使われますし、そういう意味で言うと僕は松本さんと同じラインにはいません。普段、松本さんと一緒に遊ばなくなったというのも、僕らにしかわからない理由があるんです。それを不仲って（笑）。

あと僕が「『IPPONグランプリ』で松本さんは何もしてない」と愚痴をこぼしている、と。いや、あの人は大喜利をずっとやってきて、そしてああいうシステムを作った方です。だから、「服部料理長はマオカラーばかり着て全然エプロンつけない」と言ってるのと一緒というか。そういうことじゃないんですよ。

しかも全大会のMVSを列記した表があり、僕の名前は3回しか記載されてないのに、よく読むと「『亀のクラッシュ』で最多4度目のMVS」って（笑）。

もう、この見開きに何個間違いがあんねん！

写真は『すべらない話』の打ち上げで、僕らおっさんたちが帰路につくところのもの。張り込んだものの何もないので、悪口でも書いたれといったところでしょうか。

だから、女優やアイドルと何もない僕が悪いんですよ。今後は、フラッシュが光るようにもっと頑張ります（笑）。

懸念の章

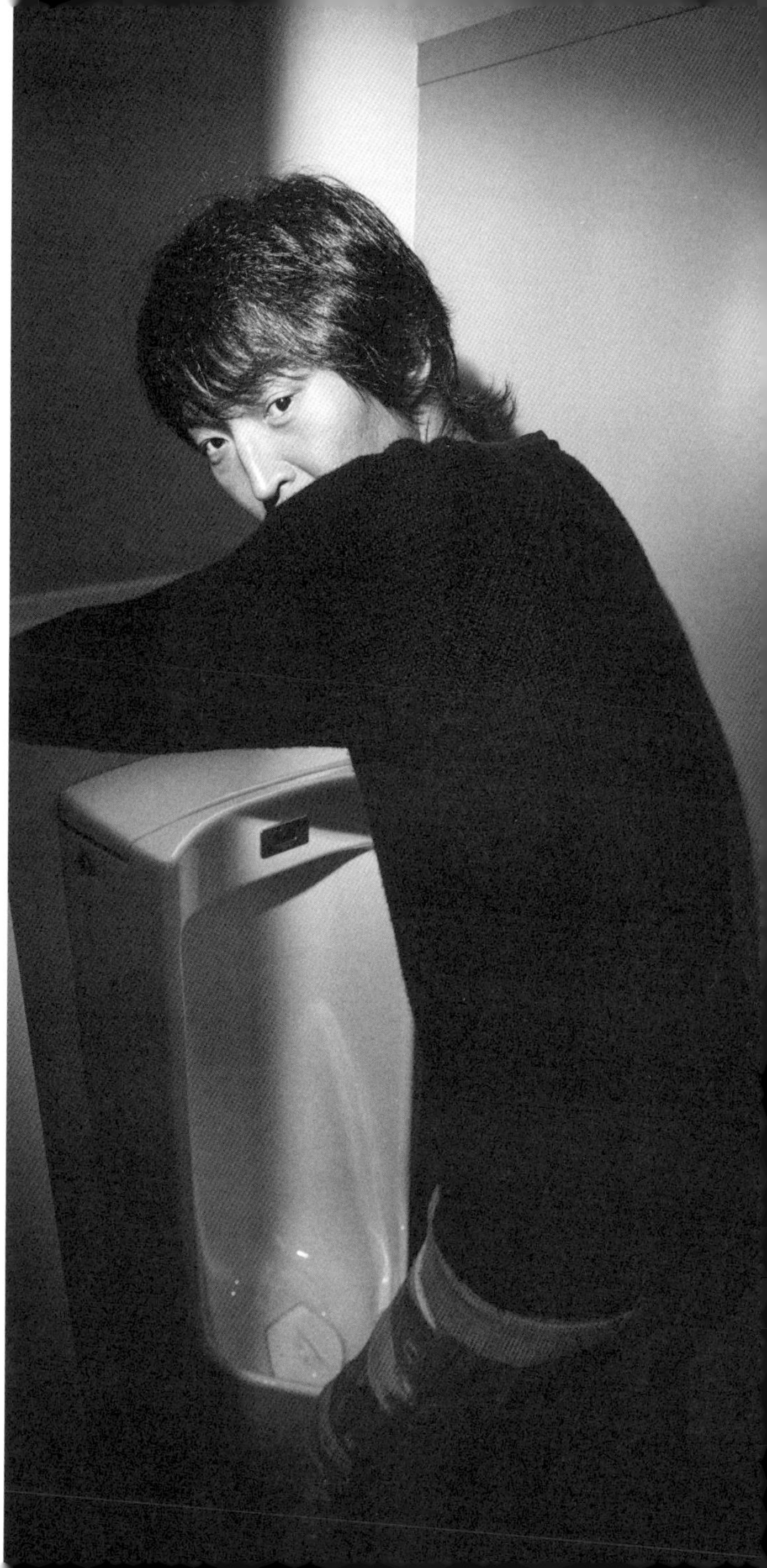

肩

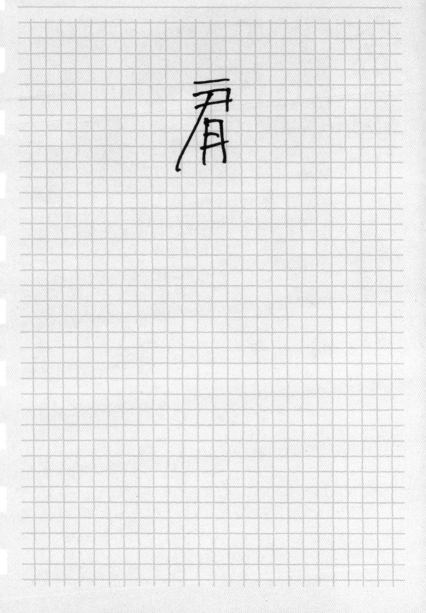

今年から高校野球を観ようと思いたち、時間が許す限りいろんな試合を観ていた、そんなある日の朝のこと。起きると、右肩がめっちゃ痛かったんです。次の日には激痛で目が覚め、脂汗も止まりません。しかも、その日の夜12時には海外ロケのためモロッコに飛ばなくてはならず。急いでクリニックを紹介してもらい、レントゲンを撮ってみると、病名は、

〝石灰沈着性関節周囲炎〟

と判明。漢字が10個も並んでいます。要は肩の中で石灰ができて、炎症を起こしてると。痛み止めの注射を打っても、全然効きません。結局、痛み止めの注射を3本打った後、「夜にはモロッコに行かないといけないんです」と先生に注げると、すぐ点滴が始まり、さらにそこから3時間、右肩をちょっとずつ回しながら動かすというリハビリをしました。

施術室にはテレビがあったので、チャンネルを高校野球に。僕が激痛に苦しみながら肩を動かしているなか、高校生がこれみよがしに肩をブンブン振り回して野球をやってます。

そのかいあって、なんとかモロッコには行くことができました。

しかし、年を取ったなぁと思いますね。年を取ったと自覚する例えで、よく言われることがあります。高校球児が年下になり、力士が年下になり、プロ野球選手が年下になり。高校野球の監督が年下になり、主治医が年下になり、総理大臣が年下になり、みたいな。いうたら、今回の症状はもう四十肩ですから。

そして甲子園が終わると、今度は軟式野球が始まりました。しかし高校野球で、硬式ではなく軟式野球を選択するなんて面白い発想だと思いますね。大型免許を取ってリード90に乗る、みたいな（笑）。

その全国軟式野球大会の準決勝で延長50回という凄まじいことが起こりました。4日間にわたって行われたのですから、審判も途中で代わっていたそうです。

「この試合が終われば、次の日は墓参り。その次の日は家族と、としまえんでプール」みたいな予定も入っていたのでしょう（笑）。

さて、この〝延長50回〟について異議を唱えたのが尾木ママです。

「子供たちの体を考えたら、あんなのは残酷ショーよ！」

教育者として思うところがあるのでしょう。そしてこの意見に反論したのが、まさかのたむらけんじ。何をそんなに、と言いたくなるほどお怒りになられたようです。

「残酷ショーって何や⁉　子供らが一生懸命やってることに対して、ショーとは何やねん。本人らが『途中でやめたい』言うならまだしも、外野は黙っとけ‼」

いやいや、この流れで〝部外者〟という意味での〝外野〟は絶対にあきません。外野は球児本人ですから（笑）。

自分の主張を熱く語ったたむらけんじでしたが、結局、自らの失投で逆転されてしまった、みたいな。

この夏、いろいろ観た熱い戦いのなかで、一番の失投でした（笑）。

とまらない大谷

もうね、マネージャーの大谷がとまらないんですよ。楽屋に2人きりでいたときです。

「ジュニアさん、何か面白い話してくださいよ」

え!? そんなことある？（笑）

こんなこともありました。忘れもしません、『世界一受けたい授業』の2時限目と3時限目の間の休憩中に、大谷が突然、

「私、去年のAKB総選挙の日って何してましたっけ？」

知るか――――――――っっっ!!

また、楽屋でポツリと誰に言うわけでもなく僕が、「今日、何食べようかな」と、ひとり言。すると、

「私、今日は行けませんから！」

「は!? 誘ってませんけど」

「何ですか、その言い方！」

「俺のひとり言に、お前が勝手に入ってきただけやんけ！」

「仕事があるんで行けないって、一応報告しただけです！」

プイッ！と背中を向けてカチャカチャとパソコンで仕事をし始めた大谷。カーディガンの背中に英語で何か書いてあったので、調べてやったんですよ。すると、その意味は、

〝興味はない〟

腹立つーっ!!

あるとき、大谷が風邪をひき、３週間くらいずっと咳き込んでるという日々がありました。案の定、あいつが治りかけのときに俺がもらって。

「お前の風邪がうつったわ」

「え〜っ、それ私の風邪ですかぁ？」

「俺の周りで風邪ひいてんのお前だけやから、お前のに決まってるやんけ！」

「けど、ジュニアさんがインフルかかったとき、私にはうつりませんでしたけど！ジュニアさんの体が弱いだけじゃないですかっ！」

腹立つーっ！

そんな大谷、この間楽屋のドアの前で電話をかけていました。僕は衣装に着替え、本番を待ちます。すると、スタッフに「スタンバイお願いします」と言われたのでし

ょう。次の瞬間、ビックリしました。電話で喋りながら、人さし指で僕を指さし、親指を寝かせて「行け」と指図したんです。

腹立つわー！（笑）

あまりに腹が立ったので、こんなことをやってやりました。『OV監督』のテーマがカラオケだったのですが、僕は特にカラオケが好きではありません。どうしようかと考えていたところ、大谷がカラオケ好きなことを思い出しました。会議室に大谷を呼び出し、

「大谷、カラオケ好きなん？」

「めっちゃ好きですー」

「下北にめっちゃええカラオケ屋があんねんけど行ってきたら？」

「え⁉　いいんですかー？」

そのまま行かせたんですよ、青森県の下北半島に1軒だけあるという『カラオケ大統領』に（笑）。

H
E
L
P

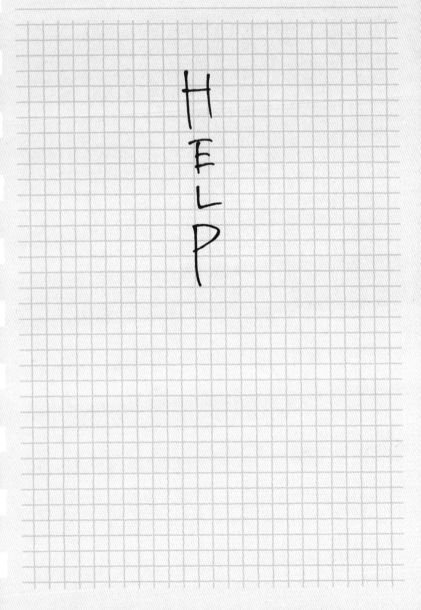

『こんなところに日本人』の２時間スペシャルで、いつもは東京のスタジオで司会だけやってる僕ですが、初めて日本人探しの旅に挑戦することになり、モロッコへ行ってきました。

これは『肩』（Ｐ１０６参照）でもお話ししましたが、夜中の便でモロッコへ行かなければならないという日の朝、突然右肩に激痛が。〝石灰沈着性関節周囲炎〟と診断されるも、なんとか出発までには痛みも治まり、ギリギリで飛行機に搭乗しました。

モロッコではいろいろあったものの、なんとか無事に日本人探しのロケも終わり、18時半にホテルへ。スタッフと「20時にメシ行きましょう」と約束し、僕は部屋に入りました。砂埃のなかのロケだったので、服についた砂埃を落とそうと僕はパンイチのままベランダに。はたいた砂埃が部屋に舞い戻ってくるのを防ぐため、ベランダの二重扉も閉めたのですが、なんとその扉はオートロックになっており、僕はベランダに閉め出されてしまったのです。

18時半といってもここはアフリカ、気温は40℃以上あります。しかも部屋は６階。待ちあわせの20時になっても来ない僕を心配して、マネージャーの大谷が部屋にやって来たとしても、おそらく20時半ごろでしょう。炎天下のベランダで、パンツ一丁のまま2時間……。

「もう、これは死ぬな」

生まれて初めてそう感じました。

するとそのとき、道の向こう側の駐車場に兄ちゃん2人を発見。僕は大声で叫びました。

「HELP ME――――!!」

しかしここは、英語圏ではなくアラビア語圏。それでも僕の叫び声が届いたのでしょう、兄ちゃん2人は笑顔で手を振っています。そこからは何度「HELP ME!!」と叫ぼうが、「しつこい観光客やな」とばかりに相手にしてくれません。すると今度は僕の叫び声に驚いたのか、下の階の白人夫婦が僕のほうを見上げてきました。

「DOOR CLOSE――――!!」

とっさにそう叫ぶも、奥さんのほうが部屋に入ってしまいました。もうこれを逃したら終わり、彼らは僕の命綱です。

「HELP ME――!!　DOOR CLOSE――!!」

すると旦那さんのほうが、こう言いました。

「YOU PROBLEM!!」

しかし、もちろん僕のヒアリングも定かではありません。

「何、騒いどんねん！　お前、問題やぞ！」

という意味の「YOU ARE PROBLEM!!」なのか、

「フロントマンを呼んだから問題ないよ！」

という意味の「NO PROBLEM!!」なのか……。

しかし5分後、ホテルマンが半笑いで僕の部屋に入ってきました。そう、下の白人夫婦が連絡してくれたのです。


このトラブルの最中、必死に焦ってはいるんですが、正直、それよりも「これ、またどこかで喋れるな」という大きな感情が芽生えるんですよ。炎天下のベランダでほんとに命の危険を感じましたし、「HELP ME!!」と本気で叫びました。でも、どこかでそれを俯瞰で見てる自分もいたというか。

モロッコ滞在中もそうだったんですが、日本に帰ってきてからもずっと下痢で。猛烈な便意に襲われ、番組収録中に2回も止めてしまったほどでした。

結局、下痢は帰国後3日目に治まったのですが、今度はじんましんが背中と胸にブワーッと出だしたのです。じんましんは体の外に外にと流れている感じで、4日目には手と足の指先へとかゆみが移動し、最終的にはそこから体の外へ抜け出していきました。

でも、じんましんが全身に出たとき、首から上には出なかったんです。服の下は体中水ぶくれ状態なのに顔には一切出ない。ですから仕事に支障をきたすこともなく、これは不思議だなーと思いました。

また、先日こんな不思議なことも。バイク事故により涙が溜まる涙のうという部分が塞がってしまい、そこを手術したのですが、術後、「しばらくは多少の出血があるかもしれません」と先生に言われたとおり、多少の鼻血がありました。

しかし術後6日目のことでした。夕方5時半くらいに突然、大量の鼻血が出始めたのです。夜7時からは『チハラトーク』が入っています。本当は救急車でも呼びたいくらいでしたが、タクシーに乗りライブ会場へ。道中も鼻血は止まらず、左の鼻の穴にティッシュを詰めるもそれが逆流し、右の鼻の穴から血が噴き出す始末。結局、両方にティッシュを詰めるも、鏡で見たらティッシュのキャパシティーを超えるぐらいの出血で、もうひったひたに。口の中に戻ってきた鼻血を飲みながら、何とか会場にたどり着いたのがちょうど7時。

僕の顔を見てスタッフは「どうしたんですか⁉」と慌てています。タケトが前説を終えて舞台から降りてきて、出囃子が流れてきました。もう舞台に上がるしかありません。詰めていたティッシュを取り舞台に出た瞬間——。

なぜかピタ——ッと止まったんです。

そして、2時間喋って「ありがとうございました！」と舞台からはけた瞬間——。

また鼻血がドバ——ッと出てきました。

芸人を25年ぐらいやっていたら、やっとこんな体になれました。

恐

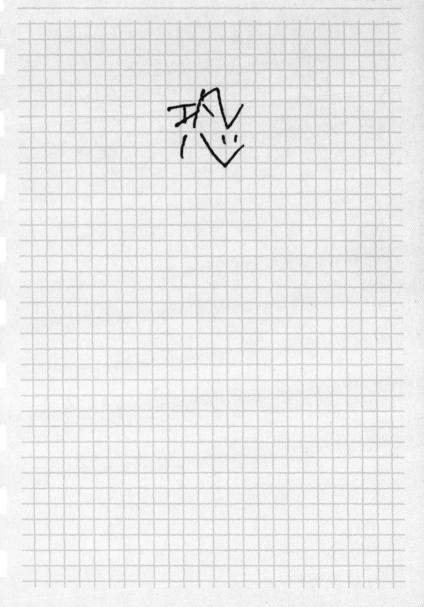

この間、ふと「あのときは、恐っ！て思ったな」ということを思い出したんです。15歳のとき、NSCで知り合った凄い年上の、22～23歳の人に「ナンパに連れたったる」と言われました。ナンパに来た男とナンパ待ちの女がごった返す、当時凄い賑わいをみせていた大阪のひっかけ橋で、その兄さんが声をかけたうちのひとりと僕が付き合うことに。その人は、ホステスをやってる年上の女性でした。

「バイトするぐらいなら、面白いネタを書いたほうがええ。なんやったら、私が生活の面倒をみてあげるから」

まさにナニワの女といった感じの人で、援助をしてもらうようになりました。

例えば、同期のバッファロー吾郎やなだぎ武とご飯を食べに行っても、誰もお金を持っていません。するとその彼女が、店が終わった深夜1時すぎにやってきてお金を払ってくれたり。同期のみんなとも仲良くしてくれ、とても助かりました。

そんなある日、彼女が「今日めっちゃ嬉しいことがあった」と。聞けば、店で古今東西ゲーム、「古今東西、吉本芸人の名前」とやったら、お客さんが「千原兄弟」と言ってくれたと。「それが凄く嬉しかった」と喜んでくれたことがありました。それは、当時19歳だった僕が徐々にテレビに出だしたころのことです。お金もそこそこもらい始めた時期で、彼女とのパワーバランスも狂ってきました。そのためケンカも多くなり、ついには別れることに。

そして僕は20歳になり、新しい彼女ができました。23歳のとき「東京へ行く」となり、上京。その彼女は神戸に住んでいて、職場のある大阪まで通うのは大変だろうと、空いた僕のマンションに彼女が代わりに住むことになったのです。僕らは遠距離恋愛となり、ベタな展開で彼女は「寂しい」と茶色いミニチュアダックスフントを飼い、その犬に『ブロック』と名付けました。

そこからしばらくして大阪に帰ったある日、ぼくはひとりで街を歩いていました。すると、髪を豪華絢爛に盛り、着物をバシッと決めた、その19歳まで付き合った彼女が向こうから歩いてきたのです。夜の蝶として完成された元彼女と「久しぶりやなー」と偶然の再会を祝し、ふたりで飲みに行きました。

付き合ってた当時はまだ誰も僕のことを知りませんでしたが、久々に再会してふたりで飲み屋に向かっている最中には「あ、ジュニアや！」と言われるようになりました。元彼女は、そんなことを嬉しく思ってくれたのかもしれません。

そして、そのあと「ウチで飲み直そう」という話になり、彼女の家へ行くことに。

「今、彼女おんの？」

「まあ、おるよ」

「そうなんや」

そして元彼女の家に向かったのですが、なんと僕が昔住んでいた家、つまり今の彼女が住んでいる家の前を通ったのです。

「え⁉　え⁉」

偶然にも、元彼女はその3軒隣のところに住んでいたのでした。そして部屋に入ると、なんと茶色いミニチュアダックスフントが出てきたのです。

「俺の彼女もミニチュアダックスフント飼ってんねん」

「そうなんやー」

「犬の名前、何ていうの？」

「チョップ。今の彼女が飼ってる犬の名前は何ていうの？」

「ブロックっていうねん」

僕がそう答えると、元彼女は間髪入れずにこう言いました。

「そうなんや。ブロックなんてチョップ一発で壊せるなあ」

今の彼女に対する嫉妬なのか、何なのか。そのセリフを聞いたとき、「恐っ！」って思いました。

3 8 2

恐怖

つい先日、何人かでご飯を食べていたとき、そのなかのひとりの女の子とこんな会話をしました。

「名前、何ていうの？」

「のぞみといいます」

「希望の望と書いて、のぞみ？」

何となく僕の頭にその漢字が浮かんだのでそう言うと、

「いえ、希望の希と書いて、のぞみです」

それを聞いた瞬間、あー！と思ったのです。

「希望という字は、のぞみとのぞみでできてるんや！」


このように両方が同じ意味を持つ単語って結構あります。

例えば優勝。1回優っただけでは、この言葉にはなりません。優って優って、最後まで勝ったやつが〝優勝〟となるのです。

ちょっとつくったくらいではダメなのです。創って造って、ようやく〝創造〟となるのです。

悲しくて哀しいのが〝悲哀〟で、ほんまに恐くて怖くて仕方ないのが〝恐怖〟となります。

じゃあ、世の中にたくさんある両方が同じ意味を持つ単語のなかで、優って勝った、優勝者はいったい何なのか？

それは〝寺門ジモン〟です（笑）。

囲み取材

先日、この連載の書籍化第4弾『はなはだ、便所は宇宙である』のサイン会が行われ、いろんな方々に来ていただきました。福島県から来てもらったり、「20年来のファンです」と言ってくれる人がいたり。第3弾のサイン会のときに「お腹を触ってください」という妊婦の方が、1年数か月経った今回は赤ちゃんを抱いてきて「この子が握手する最初の芸能人になってください」と言ってもらえたり。もう本当にありがたいことです。

こういう出版記念イベントの際にはマスコミ各社が来て、囲み取材が行われます。僕は本を出したことを伝えたいのですが、レポーター陣にとってはどうでもいいこと。もし僕が女性芸能人と写真を撮られていたら、聞きたいのはそっちのほうです。その場合、囲み取材で本の内容のみを語ったら、

【千原ジュニア、本題の××との熱愛については語らず】

という記事になってしまいます。いや、僕にとっての本題は本を出したことであって、芸能人とお付き合いすることではありません。とはいえ向こうの言い分もわかりますし、僕だって「なんかあったほうがええんやろなー」と思っていろいろと活動し

てるんですよ。

これは囲み取材でも話しましたが、サイン会の2日前ぐらいに、ある女性とイタリアンに行く予定があったんです。約束の20時にお店に着いたのですが、その子が全然来ない。わかりづらい場所でもないし、遅刻するような子でもありません。しかし何度電話をしても出ないのです。ふとメールを確認すると、約束の日を1日間違えて送ってることに気づきました。

僕はすでにお酒を飲み始めていたので、店を出るわけにはいきません。仕方なくそこから後輩にブワーッと電話するも誰も出ない。もう最後の最後、あのカードを切るしかないと。

そうです、三又又三に電話したのです。

すると2コール鳴る前に三又さん、出はりました（笑）。ことの次第を話すと、「すぐ行くよ～」と三又さん。ほどなくして上機嫌でレストランにやって来た三又さんは、

「ジュニア、こういうことなんだよ。結局、俺はお前だけなんだよ」

と言いながら、赤ワインと白ワインを一本ずつ空けて。おっさんふたり、イタリアンのコースを食べてたんですよ。もうね、僕らを見てた女性ギャルソン、ずっと口角が上がってましたから（笑）。

するど今度は、後輩たちからのコールバックがジャンジャン鳴り始めたのです。

「どうしたんですか？」

「実は約束を間違えてて。で、最後の最後に三又さんに電話して」

このやり取りを、かけてくる後輩らにずっと繰り返ししていると、

「オイ！　最後の最後に俺にかけたことをバラされて、俺はちょっと傷ついてるぞ！　それはちょっと気分よくねえぞ」

とわけのわからないことを言って、帰っていきました。


やはり、持つべきものは三又さんです（笑）。

あさりちゃん

ある日、トイレでふと思ったことがありまして。36年前から連載されてた、我々世代なら誰しも知ってる漫画『あさりちゃん』。主人公が浜野あさり、お姉ちゃんが浜野タタミ、お母さんが浜野さんご、お父さんが浜野イワシ。……これ、完全に『サザエさん』やん！（笑）
『あさりちゃん』は姉妹作家によるコミックス100巻達成がギネスに認定されたそうです。しかし、さらに30年も前から連載されている国民的漫画『サザエさん』の〝登場人物の名前は海のもの〟という設定そのままであることに、誰にもツッコまれず100巻も出せたことに、まずギネスを（笑）。

誰にもツッコまれずに同じことを繰り返した『あさりちゃん』の話をしたら、こんなことを思い出しました。最近、僕のスマホに不具合が生じまして。なぜかネットショッピングができなくなってしまったのです。PCと同期したのがいけなかったのか、忘れてしまった昔のクレジットカードの暗証番号を入れろと画面に出てしまうのです。現行のカードに設定したいのですがPCに疎く、よくわかりません。そのため、地下もある大きな携帯ショップに向かいました。

向かいの駐車場に車を止め、店内へ。するとインカムを付けた若い兄ちゃんが「本日はどういったご用件で?」と尋ねてきたので、その旨を伝えました。すると、

「ご自分の電話だと証明できるものはありますか?」

「え⁉　どんなものですか?」

「例えば、自動車の免許とか」

俺が運転してたの見てたやん!と思いつつも免許証を提示し、地下へと案内されました。兄ちゃんがインカムで何やら喋っています。下へ降りると、お姉さんがインカムで「はいはい」と相づちを。僕の話が通っていると思いきや、

「どういったご用件で?」

「え⁉　いま上で言いましたけど」

「はい、どういったご用件で?」

仕方がないので、また用件を復唱です。4GだWi-Fiだと、スピーディーに繋がりやすい言うて、こんなに繋がってないのかと。これをまず改善せんと、これじゃあジョブズも浮かばれませんよ。これ『あさりちゃん』と一緒です。『サザエさん』でやった海の設定、もう1回やる?っていう。

運動会

せいじの後輩から、甥っ子である夕の運動会があると連絡が入りました。せいじは仕事で来れないそうです。スケジュールを見ると、その日はオフ。僕はむちゃくちゃ行きたいので夕に「運動会、行っていいかな?」とメールすると、こんな返信が。

【来てもええけど、静かにバレへんようにな】

小学5年生ともなればもうお年ごろですし、僕が行けば友達に何か言われることもあるのでしょう。

運動会当日、夕から言われたとおり、バレないように遠くから見ることにしました。子供たちは赤組・青組・黄組に分かれ、夕は黄組だと聞いていたのですが、みな同じ体操服に帽子姿ですから夕がどこにいるのかわかりません。「あれか?」とずっと目で追ってた子が、振り返ったら全然違う子だったり。しかも夕は黄組の応援団の副団長という大役です。そんなもん、絶対に見ないとアカンやつです。そのため「もうちょっと近づいてもええやろ」とフェンス越しまで移動し、黄組の小学生の背中越しにグラウンドを見ることにしました。

黄組はすでにボロ負けしており、みんな集中力を切らし、よそ見をしていました。

そのため、「あっ！　千原ジュニアだ!!」と見つかってしまったのです。

「あああっ！　千原ジュニアだ！」

その声は連鎖し、周りの子は大騒ぎに。その声に気づいた夕は、応援団の副団長ですから大きな黄色い旗を持っているんですが、フェンス越しにいる僕のところまで来て、そのでっかい旗で僕を隠すという（笑）。僕は仕方なく、黄色い旗をしばらく見つめていました。


さて、お昼休みの時間になりました。最近では、運動会に両親ともに来られない子供もいるので、そういう子に淋しい思いをさせないために、それぞれの家に帰ってお昼ご飯を済ますという学校もあると聞いたことがあります。そして、もう1回学校に集合して、午後の部を始めるそうなのです。ですから「どうすんのやろ？」と思っていたら、どうやら体育館で食べるらしく、隅っこに千原家の陣地が取ってありました。僕は夕に「俺も一緒に食べていいかな？」と尋ねると、

「う、うん……」

と素っ気のない返事が。せいじの嫁が手製のお弁当を出すと、夕は僕に背を向けた

まま、紙皿とお箸を「はい」と渡してきたのです。先日会ったときは、「ジュニアパパー！」と笑顔で言ってくれたのに……。子供の成長は早すぎます。

午後のメインは100m走、これを見逃すことはできません。僕はゴール付近でカメラを構え、夕のゴールを待ちました。

「夕が走ってきたー！」

連写で撮り、ゴールした余韻のまま夕と喋ろうと思ったら、3位だった夕を誘導係の6年生がバーッと連れて行ってしまったのです。

「夕とお喋りしたかったのに、もう要らんことすんなや！」

そんなことを思いながらも、僕ももう帰る時間です。メインも観れたし、もうバレてもいいやと、「夕！　ほな帰るなー！」と大きめの声で言うと、

「ああ……」

と、つれない返事が。その瞬間、夕との楽しい時間も終わったと実感しました。夕も、もう11歳。自分と置き換えてみれば、親戚のおっさんと遊んでなんかいられない年ごろです。そう考えれば夕は、よく遊んでくれたほうです。

帰り道、そう考えながらバイクを運転していると、ほんまに泣きそうになりました。こんな切ない気持ちになるなら運動会になんか行くんじゃなかった、と……。

その夜、電話が鳴りケータイのディスプレイを見ると〝妹〟の表示が。出ると、妹の4歳になる息子、誠志郎でした。

「もちもちぃ〜、こうじぃ〜？」

「どうした、誠志郎！」

「なにちてんの？」

「誠志郎の電話を待ってたんや！」

こんなグッドタイミングがあるでしょうか。

「今日、動物園行ってきてん」

「そうか、動物見たか？」

「うん、いっぱいおった〜」

「何、見た？」

「ゴリラ見た〜」

「大きかったやろ」

「うん、大きかった〜。ゾウも大きかった〜」

「動物のなかで何が好きなん？」

「ネズミ〜」

「何でやねん（笑）」

そう言うと、電話口の向こうで誠志郎がかわいらしくゲラゲラ笑っています。

「今度、こうじぃと一緒に動物園いこな〜」

「うん、行く〜！　こうじぃと行きたい〜!!」

まさに捨てる甥あれば、拾う甥ありです。誠志郎はいま4歳ですから、これから7年ぐらいは安泰です。夕が僕の元を離れていったその晩に、この電話が来るとは……。ほんま、危ないとこや。信号でいえば黄色が点滅してたぐらい、ギリッギリや（笑）。

たぶん誠志郎も夕ぐらいの年齢になったら僕から離れていくでしょう。でも、そのときには酒を飲めるような年齢になった夕が戻ってきます。

やはり、持つべきものは甥ですね（笑）。

歩行者天国

どうもしっくりこないというか、「それ、そない言うほどのこと？」って思ってしまうことがあります。

例えば、歩行者天国。いや、普段から歩道を歩いてますし、「これでやっと車道が歩ける！」という感覚もありません。それなのに、車道を歩けるようになったぐらいで〝天国〟って。それに、歩行者にとって天国なら、車側からすれば〝乗車地獄〟となるはずです。

まあ、そんなことを思ってしまうんですよ。若者たちが好きなファッションに身を包み歩行者天国を闊歩する、それはそれでいいんです。しかし僕が昔から理解できないのは、ファッション誌がそういった彼らの写真だけで構成する『ファッションスナップ特集』を組むことです。言うなればファッション好きな素人、奇抜なファッションの素人だけで構成されているページ。いや、こんな素人の写真を誰が見たいねん、と僕は思ってしまうんですよ。「プロのモデルが、服をきちんと着こなしたものが見たいんだ」と。

しかもその素人の写真の下に、『GO☆』みたいな芸名っぽい名前が書いてあって、なんやそれ⁉　みたいな。「いや、このページもうええで」と思い、ページをめくったら次はニューヨークの素人のやつらが特集されています。いや、知らん知らん！　すると次はロンドン、そしてパリ。そしてページをめくると、え、これで終わり⁉　って。日本から遠く離れた海外の、素人の服を誰が見たいねんって僕は思ってしまうんですよ。これって、読者からすれば、１８０㎝あるゴリゴリのモデルが着る服よりも、自分と近いずんぐりむっくりの素人が着ている服のほうが、手が届く感じがするからでしょうか。

　しかし僕には、素人のファッションスナップがやっぱり理解できません。まるでストレス解消のためにボクササイズをやってる人たちの試合を見させられてる、みたいな。いや、ちゃんとライセンス取った人の試合を見せてよ、と。

　さらに例えるなら、プロ野球チップスカードだと思って買ったら草野球チップスカードだった、みたいなことです。

「あ、今回はボイラー技士や！」

「また、公認会計士のカードか」

　誰がそれ見たいねん！（笑）

しかも、ファッション誌に定期的に出る素人のことを読者モデルと呼ぶそうですが、これもしっくりきません。読者なのかモデルなのか、不思議な言葉です。

でも今は、それぐらい行ききってない感じのほうがいいのかもしれません。

逆に、歩行者天国の「車は一切入れない！」という姿勢は、だいぶ行ききっています。

読者モデルという言葉に感じる、このセミプロ感。

例えると〝クランケドクター〟みたいな。咳き込みながらのオペですから、危なっかしいわー（笑）。

……よくわかりませんが、まあそういうことです。

387

鼻

バイク事故により目と鼻につながる涙腺が遮断されてしまい、それを通す手術をしたというお話を、以前させていただきました。しかし、手術したままだと再び涙腺がふさがってしまう恐れがあるので、目と鼻にシリコンのチューブを通すことになったのです。

涙腺は目頭の上下に穴があります。そのため、鼻に通したチューブを目頭の上の穴から出し、そして下の穴に通し再び鼻に入れる。このチューブを、1年間入れっぱなしにしておかないといけないのです。

このチューブは今、僕の左目の右端の白目の上に乗っかっているため、右を見るとチューブに黒目が触れて「コリン」という凄く嫌な感触があるんですよ。だから右を見るときは顔ごといくこともあるくらいです。

ですから僕は今、日本でも結構な〝鼻セレブ〟だと思いますね。保険が利いてるからいいものの、利いていなかったらかなりの金額になるものが僕の鼻には詰まっているのですから。以来、鼻セレブを使っている人を見かけると、

「え!?　そこまできてんの？　お前はそれを使えるご身分なの？」

って、ちょっと思ってしまうんです（笑）。いや、僕は使えますよ。なぜなら特殊

なシリコンのチューブが鼻に入ってますから。高度な医療技術の結晶が鼻に詰まっていますから。

ですから、普通の団子鼻やわし鼻が普通に鼻セレブを使っているのを見ると、僕は「ん!?」ってなってしまうんです（笑）。

そして僕はティッシュ会社にも言いたい。なぜ、用途を鼻に限定した商品名にしてしまうのか。僕はもっぱらシモで使ってますから、〝亀セレブ〟もつくってほしいんですよ。寝室には亀セレブ。

なので、鼻セレブという商品名にもやっぱりしっくりこないんです（笑）。

というか、僕はいったい何を言ってるんでしょうか。

ダラケー！

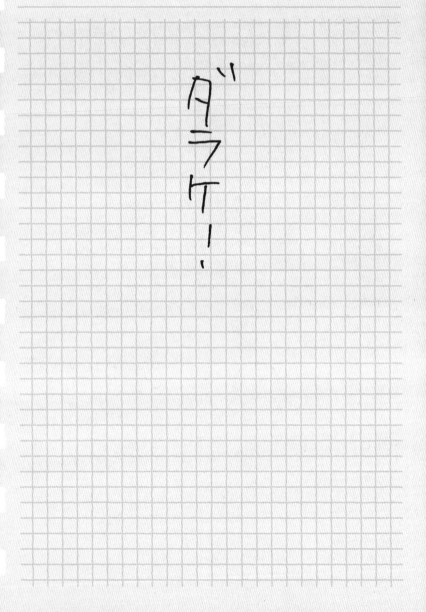

BSスカパー！で僕がMCを務める『ダラケ！』という番組が始まったのですが、キャスティングが凄く面白いんですよ。

第1回目が『枕営業をしているキャバ嬢だらけ』。これ、それぞれのエピソードをクイズにして他の出演者が答える、という設定のトーク番組なんですが、例えば【枕営業をかけるに値する客かどうかを見極めるために、あるものを買わせます。それは何でしょう?】という問題が出ました。他のキャバ嬢たちは、「高級外車」「マンション」と答えますが、どれも不正解。正解は「タバコ」でした。そのキャバ嬢は、わざと2本しか残ってないタバコを持ち席へ。2本ですから、すぐなくなってしまいます。すると客はボーイを呼び、「この子のタバコをちょうだい」となります。タバコは現金でしか買えませんから、客は財布を出します。このキャバ嬢の目的はそのとき財布の中身を確認し、枕営業に値する客かどうかを見極めると。そのためにタバコを買わせるというのです。

また『霊能者だらけ』という回も。霊能者の方たちに集まってもらい、いろんな霊を降ろしてもらいました。坂本龍馬に卑弥呼、エジソンに黒澤明……こんな豪華なキャスティング、ありますか!? 坂本龍馬には「今度飲みに行こう」って誘われました(笑)。

そして先日は『AV男優だらけ』という回でした。僕はAVを観ないので未知の世界でしたが、いろんなことが知れました。まず世の中にAV女優は1万人もいるが、AV男優は70人しかいないということ。そのなかにはヒエラルキーがありトップ男優を頂点に、その下がギャラ3万円の印紙男優、その下に男優、さらに下が汁男優。また汁男優にも序列があり、ぶっかけで女優に一番近いのが上汁、2列目が中汁、裸さえ見えないのが下汁だそうです。

なんか、芸人の世界に似ているなと思いましたね。下汁から中汁、上汁へと上がっていく様は、吉本の無限大ホールから大きめのルミネ・ザ・よしもとに行けた、みたいな。またビッグ3以降、ひな壇も入れて現在のテレビを回してる芸人はたぶん、AV男優の数同様、70組くらいではないでしょうか。

また、男優陣による『利きコンドーム』なるコーナーもやりました。内容はこうです。パネル1枚挟んだ向こうで、マジで全員チンコを放り出し、「勃ったら挙手してください」と僕が言うと、そこからガーッと自分でやってチンコをビンビンにさせ「ハイ!」と挙手。そこに僕が10枚あるコンドームから1枚を目隠しした男優に渡すと、臭いと触り心地、そして装着感から当てるのです。まさに地上波では絶対にできない番組です（笑）。

さて、番組にはトップ男優のしみけんさんと森林原人さんに出ていただいたのですが、そのストイックな姿勢に驚かされました。そのなかで森林さんに関する【最近AV界を震撼させた技があります。それは何でしょう？】という問題が。それは何かといったら、全神経を肛門に集中させる訓練を積み、それによりオーガズムに達しても果てない体を手に入れたというのです。つまり一度射精しても勃起したままの状態を保ち、再びことに至ってもまた射精できる連続射精という技を身につけたと。まるでヨガの達人のようです。

また、その技を会得したと聞き、「俺も何かやらなアカン」と思いたったしみけんさん。彼はもともと精子の量が多いという体質を活かし、「狙ったところに自由自在に射精できる技を会得した」と言っていました。もう、プロ同士のやり合いです。

アニメや便器のように「日本で一番が世界で一番」といわれるものがありますが、日本のAVも間違いなく世界で一番のレベルにあると思いましたね。

本能

どの業界にも定説というものがあります。芸人の世界でよく言われるのが、とんねるず、ダウンタウン、ウッチャンナンチャン、ナインティナインのようにコンビ名に『ん』が入ると売れるとか。

僕が唱えている定説というのがあって、それは【次男が芸人に向いている】です。やはり兄ちゃんや姉ちゃんがいると早熟になりますし、上の友達のなかに放りこまれたりして会話が鍛えられたりもします。この説を裏付けるように、さんまさん、松本さん、今田さんはもれなく次男なんです。

そして僕が一番言いたい定説は、【売れてる芸人はもれなくメシ食うの早い】です。

昔の徒弟制度では師匠より早く食べて、師匠の世話をしなければいけませんでした。しかし徒弟制度のない今でも脈々と受け継がれる、売れてるヤツは全員メシ食うのが早いという現象。これはなぜかと考えたら、僕ら芸人の唯一の武器は口です。それを食事で塞がれてしまうと、そのときだけ丸腰になってしまいます。

ですから、その時間が短いほど芸人は有利になるので、売れてる人はみなメシ食うのが早いのかもしれません。頭で考えてそうしてるわけではなく、これは芸人の本能なんじゃないかと思いますね。

先日、三又さんとイタリアンを食べに行ったとき、僕の早食いに気づいた三又さんは、こう言いました。

「ダメだな～。こういうところはゆっくり味わって食べるんだよ～」

僕は心の中でこう叫びました。

「だからやねん！」

魁越トマホーク

鬼越トマホークという若手のコンビがいます。ひとりはヒゲを生やし、もうひとりはスキンヘッド。しかもふたりとも格闘技経験者という、かなり肉厚で骨太なコンビです。そしてこのふたり、見た目そのまま「よくケンカをする」といいます。

無限大ホールの楽屋で本番前、どつきあいのケンカに。そこに、千原兄弟の元マネージャーだった高山支配人が止めに入ります。

「ケンカやめてください！」

「うるせえ！　お前、誰だよ！」

「支配人です！」

ヒートアップしたふたりは、もう止まりません。

「だったらクビにしろよ‼」

熱くなると、もうバーッと言ってしまうタチなのです。

というふうに、しょっちゅうケンカをするふたりなのですが、そんなふたりが吉本本社の会議室で、コンビの出囃子を会議していたときのこと。片方はプロレスラーの入場曲集を持参。そしてもう片方が持参したCDが、なぜか全部JUJUだったそうです（笑）。すると相方は「なんで俺らがJUJUなんだよ！」と激怒し、大ゲンカに。その怒号は他の会議室にも響き、芸人がみんな覗きにきたそうです。そんななか、正義感の強いエリートヤンキー・西島が「ケンカやめろ！」と止めに入りました。鬼越トマホークよりだいぶ先輩です。すると、

「うるせえ、売れてねえ芸人は引っ込んでろ！　売れてから来い！」

そしてそれを聞いて怒ったのが、インポッシブルのひるちゃんという芸人です。

「先輩に何ちゅうこと言うねん！」

しかし、鬼越トマホークは先輩であるひるちゃんに向かっても、こう言い放ちます。

「うるせえ、てめえはデカイ昆虫とばっかり戦ってんじゃねえよ！」

インポッシブルは、巨大なカマキリやクワガタと戦うというネタをやっているコンビです。そう言われて怒ったひるちゃんはドロップキックをしようとするも、距離が近すぎその場にドスン。しかしそれが笑いになり、その場は収まったそうです。

そして後日、また会議室で鬼越トマホークがケンカに。今度はアクセルホッパーこと永井祐一郎が止めに入ります。しかし、

「うるせえ！　お前はリズムネタだけやってりゃいいんだよ！」

そう言われるや、ケツをバーンと蹴られた永井。それに対し、
「痛くナ～イッ」
と返すと、集まっていた芸人たちにドーンとウケ、これまた場が丸く収まったそうです。

これらの騒動はすぐに芸人たちに知れ渡ったのですが、ちょっと、待てよと。エリートヤンキーは、いつ売れてもおかしくないのに売れてない。インポッシブルはそれをきっかけに「俺ら、昆虫と戦うネタ以外にも作ったほうがええんちゃうか」と考え直すに至り、また永井祐一郎は「そうか、俺はリズムネタを極めていけばいいのか」と、ネタ作りに精を出すようになったそうです。つまり、実はみんな鬼越トマホークから〝指針となるような言葉〟をもらっているんじゃないかという話になったのです。

ですから今、指針となる言葉が欲しい芸人たちが固唾をのみ、いつ鬼越トマホークがケンカするかと待ってるそうなんです（笑）。

これ、『ざっくりハイタッチ』という番組で企画としてやったんです。ふたりが本

気でケンカを始め、まずは小籔が止めに行きました。すると、

「お前はスカパー！でもやってろ！」

と言われました。小籔はBSスカパー！で『BAZOOKA!!!』というコアな番組をやっているので、もっとそっちの方向で頑張れ、ということなのでしょう。

またケンカを始めました。次にずんの飯尾さんが止めに行きます。すると、

「お前は家でゴロゴロしてりゃいいんだよ！」

これは飯尾さんのギャグ「平日の昼間からゴロゴローゴロゴロー」、あれをもっとやれということなのでしょう。

またケンカを始めました。最後に僕が止めに行くと、

「お前は家でシャンパンばっかり飲んでんじゃねぇよ！」

と言われました。「何をしとんねん！　初心に帰れ！」ってことなのでしょうか（笑）。

コンテスト

村祭りや商店街が主催する素人漫才コンテストってあります。実はこれ、優勝賞金が30万円とかけっこうな額が出るそうです。そしてそれらのコンテストに出場してはことごとく優勝し、賞金をかっさらっているコンビがいるというのです。ある芸人さんの息子さんが友達とコンビを組み、素人漫才コンテストに出場し決勝へ。しかしそこで優勝したのは、その賞金稼ぎのコンビだったと。

そのコンビこそがよしもと所属のプロ、芸歴19年のルート33だったのです。

しかしこれ、吉本的には別にOKで、ルール違反でも何でもないそうです。でも、マナーは凄い侵してます（笑）。

そのルート33より少し後輩にサバンナの八木がいます。その八木が、この前新幹線に乗ったら、偶然にも僕の席の真後ろにいたのです。八木は何やら本を熟読していて、僕の存在にまったく気づきません。シートにヒザをつき後ろを覗きこんでも、まだ気づかない。その熟読してる様を写真に撮ると、そのシャッター音で八木はようやく気づきました。

えらい分厚い本だったので、天然といわれる八木も、人知れずこういうところで実

は一生懸命勉強しているんだなと。ですから、「何の本を読んでんの？」と言い、表紙を見せてもらうと、

『実録 女のSEX告白 人妻編』

というタイトルが……。さすが八木です。

しかも本のカバーを見ると、大型書店の名前がありました。つまり、駅のキオスクで買ってないんですよ。「ちょっと東京ー大阪間で読んだろ」という軽いものじゃなく、もう読む気満々だったのです（笑）。

ジュニアが覗き込んでもまったく気づかず、
実録モノを熟読していたサバンナ八木

転校生

これは9月末ぐらいのことなんですが、1日半ほど休みがあったので、バイクで温泉旅行に行ってきました。メンツはパタパタママのシモニィと、芸歴3年目の宮崎というやつ。そして、あと誰かバイク乗りで空いてる人いるかな?と探したらスピードワゴンの井戸田くんが空いているというので、彼を含む4人で行くことに。

さて当日集合となったのですが、僕とシモニィは国産の旧車です。そこに『アメトーーク』のバイク芸人の回で散々イジられたハーレーにまたがった井戸田くんが登場。もうホンマにカイヤさんがビキニでまたがるような、ラメの紫のファイアーパターンの入った、チョッパーのハーレー。まるでポールダンスのお店に飾られているような、ピッカピカのマシンです(笑)。4人で列をなして温泉地へ向かったのですが、僕ら国産の旧車とは明らかに違います。田舎の分校に、突然ゴリッゴリのアメリカ人の転校生が入ってきた、みたいな(笑)。周りの一般の方も『アメトーーク』を観たのでしょう。ヘルメットをしているにもかかわらず「あ、井戸田や!」となり、みんなニヤニヤしながらバシャバシャとマシンの写真を撮っていました。

宿に到着し、ご飯おいしいなー、お風呂気持ちええなーと旅を満喫していると、井戸田くんのケータイにメールの着信が。そしてその文面を見た瞬間、井戸田くんが、

「ええっ⁉　はぁぁ……」

　顔面蒼白になったかと思ったら次の瞬間、ウワーって泣き始めました。わけを聞くと、元奥さんから「来月再婚します」という報告のメールだったのです。井戸田くんとツーリングするのは今回が初めて、こうやってお酒を飲むこと自体も初めて。そんな初めてづくしの夜に、なんでこんなことになんねん？と（笑）。

　しんみりした雰囲気になってしまったので、なぜかわかりませんが「海でも見にいこう」となり、４人で海へ。何とか盛り上げようとシモニィが宮崎に、

「お前、海入ってこいやー！」

「わかりましたー！」

　９月下旬の夜中１時、寒い海に飛び込む姿を見て、僕らは「バカやなー」と笑っていたら、傷心の井戸田くんがこう言いました。

「ちょっと俺も入ってきていいですか？」

　ほんま、海水浴ではなく、入水になるんじゃないかと思いました（笑）。

　結局、僕とシモニィも脱いで海にダイブ。４人で海にプカプカ浮いていると空には満天の星が。

「気持ちええな……」

もう、おっさん4人の『スタンド・バイ・ミー』です。井戸田くんには、さぞかししょっぱい海だったことでしょう。

「しょぱ――い!!」

そう言うてたはずです（笑）。

結果それも「楽しかったなー」となり、翌日帰路へ。井戸田くんは、心とは裏腹な派っ手ハデなハーレーにまたがっています。途中に寄ったパーキングでは、また『アメトーーク』を観たであろう人たちに、ニヤニヤと写真を撮られていました。しかしそんななか、「井戸田さんのバイク、カッコいいですね！」と言ってくる人が合計3人はいました。その3人目の人から「バイク、カッコいいですね！」と言われた井戸田くんは、その人の背中を見つめながらポツリとひと言、こう言いました。

「俺のバイクをカッコいいと言ってくれる人って、みんなクソダサイっすよね……」

元奥さんが先日再婚を発表されたので、ようやくこの話が披露できました（笑）。

水玉ケン

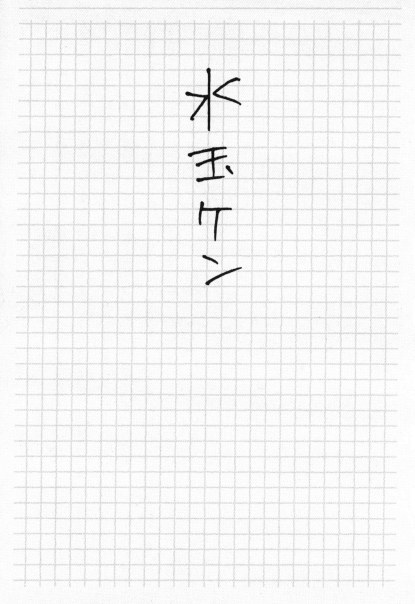

いま『新・ミナミの帝王』を撮っているのですが、萬田銀次郎から50万円借金する男の役で、水玉れっぷう隊のケンが出ています。水玉れっぷう隊とは、もう20年来の付き合い。当時「今日は水玉の出番やな」というのは、楽屋にいてもわかったほどです。なぜなら彼ら目当てのホステスが所狭しと詰めかけるので、その香水の匂いでわかるんですよ。ケンとアキ、シュッとした2人が単独ライブをやれば汚い小劇場の前には胡蝶蘭がずらっと並んだりと、大人気でした。

しかし東京に出てきてからケンのほうは離婚し、養育費だ何だと大変だったようです。ルミネ・ザ・よしもとでは新喜劇がなくなってしまったため、それだけをやってた芸人はめちゃくちゃ大変で、みなこぞってバイトを始めたそうです。撮影で久しぶりに会ったケンも、待ち時間にしきりにこう言います。

「僕もほんまにカネがないんです」

胡蝶蘭が並んでたころから20年経ち、頭もハゲかかっています。そんなケンから景気の悪い話をずっと聞かされたので、もうしんどくなってしまいました。そして本番。借金する役のケンは劇中に使う本物の50万円を、「いや、それは力入りすぎやで」というくらい、本気で握りしめてました。本当に返したくなかったのでしょう（笑）。

女性セブン

女の子とご飯の約束をしてその当日、小峠くんから「何してるんですか？」と電話が。「女の子と食事に行く」と伝えると、「俺も行っていいですか？」と小峠くん。
「いや、だから女の子と……」
「俺ひとりなんで、行きますよ」

結局「3人で」と予約をし直し、お店へ。そこで『女性セブン』に写真を撮られてしまったんです。小峠くんは「俺ひとりなんで」と言ったのに、カメラマンを連れてきたんですよ（笑）。週刊誌に写真を撮られたのがショックだったのか、結局その子とは連絡が途絶えてしまいました。

さて、事前に編集部からよしもとに「掲載します」と連絡があったのですが、「2ページで扱う」と。いやいや、俺がメシ食うたぐらいで誰が興味あんねん！　2ページも使うなんて扱いがでかすぎます。面倒くさいなあと思っていたら、その週にダルビッシュ有さんが交際宣言し、西島秀俊さんが結婚発表し、向井理さんが結婚発表し。結果、僕の記事がギュッと縮こまるという。ありがたいことです（笑）。

記事を見ると「『アメトーーク』の〝下ネタへたくそ芸人〟に出演し、ジュニアはオナニーを1P、セックスを2Pと呼ぶ」と書かれ、つけられたタイトルが、

『美脚カノジョを泊めた2Pの夜』

結果、1P《ページ》になったという(笑)。

女性キブン？

本当に、女心というものがわからないというか。以前、食事会があったのですが、そこに来ていたある女性がむちゃくちゃタイプだったんですよ。スラッとした子で、むちゃくちゃかわいい。「タイプやわー」と思いお酒を飲んでいたのですが、もう我慢できません。僕も40歳ですし時間がないんです。

「食事中に申し訳ないけど、めちゃくちゃタイプやねん。今度サシでご飯行ってもらわれへんかな?」

そう伝えると、その子はこう返してくれました。

「そんなふうに言ってもらえて嬉しいです!」

その子の友達も「いいじゃん、いいじゃん!」となり、後輩も「兄さん、よかったですね!」と、まるでティッシュに火をつけたように会は盛り上がりました。

その飲み会の翌日には、

【昨日は本当にありがとうございました。とても楽しかったです。食事行けるの楽しみにしてます】

という、どう見ても温度のある血の通ったメールが来て、そこからやり取りが始まりました。しばらくして日程が合ったので、僕が店を予約。店の情報とともに【21時

に予約してますんで】と送ると、
【忙しいのにわざわざすいません。ありがとうございます！】と返信が。そして前日に【明日よろしくね】と送ると、そこから急に返信が途絶えたのです。当日になってもメールが来ない。「えっ⁉」となった僕は17時くらいに再度メールすると、
【すいません、昨日から風邪で寝込んでしまい、別日にしてもらえると嬉しいです】と返信が。風邪なら仕方ないのでその旨を送り、翌日の昼には【体調どう？】と送りました。しかし、また返事が来ない。夜に【風邪、大丈夫なん？】と送るも、返信なし。いくら風邪をひいていても、2回送って返事がなかったら、もう終わりです。その子は何がしたかったのでしょうか？

そこから数日経ち、『オモクリ監督』の会議をしていたときのこと。住宅街のとある事務所で作家陣やらと打ち合わせをし、終わったのが夜中の2時。みんな腹ペコです。近所にピザなどが食べられるバーがあるのを思い出したので、僕らはそこに行くことに。念のため「個室は空いてますか？」とバーに電話してみるも、個室は埋まってる

と。「ちなみに、その個室は芸能人の方ですか？」と聞くと、「一般の方です」と答えが返ってきました。

さて、バーでスタッフさんたちと飲んでいると、その個室からゴツめの男性が「お会計」と言って出てきました。僕に気づいたその男性は、あまり好意的でない視線をこちらに投げかけてきます。気にせず飲んでいると、会計を済ませた男性は再び個室へ。しかしそこから20分経っても30分経っても出てきません。やっと男性が出てきたと思ったら、彼の後ろをスラッとした女性が、僕に絶対に顔を見せないよう首を折りたたんで出ていきました。もし、その男性から「千原ジュニアがおるぞ」と伝え聞いたなら、こちらを覗き見するほうが自然です。だとすれば、女性芸能人だったのでしょうか？　いや、それも事前に「一般の方です」とバーに確認してあります。ということは、頑なに僕に顔を見られたくない女性というのは、あの女に違いありません。

たぶん、僕と彼氏を天秤にかけて、僕とのメールが彼氏にバレてしまったのでしょう。

しかし、夜中の2時半にたまたま入った店で、なんでこんなことになんねん？　たまたま女性とご飯に行ったら写真を撮られ、連絡が途絶え。たまたまバーに入ったら、連絡の途絶えた女性と会ってしまって。……なんて日だ！

学名ミヤザキ

ここ数年、正月に海外旅行にいくのが恒例になっています。バチカン市国に行ったり、マチュピチュに行ったり、北極にオーロラを観に行ったり。前回は休みが4日しか取れなかったので近場の台湾へ行きました。しかし今回は1週間ガッツリ取れるというので、ガラパゴス諸島に行こうと。エクアドルまで飛び、そこから船で4泊しながら諸島を巡るという旅です。

自宅の便所には便所ノートのほかにも数冊の本が置いてあるのですが、そのなかの1冊にガラパゴス諸島の図鑑があります。ここ最近はガラパゴスゾウガメやガラパゴスイグアナの写真を眺めては、旅行に想いを馳せているのです。

旅のメンツは放送作家とディレクター、そして後輩芸人と、毎回4人で行っています。しかし一緒にヨーロッパを回った中本には子供ができたため、行けず。またマチュピチュやオーロラを一緒に観に行った網本は『静岡住みます芸人』となったため、稼ぎ時の正月は休めず。そこで「僕、空いてますよ」と名乗りをあげたのが、芸歴3年目の宮崎というヤツです。芸歴の差でいえば、僕が文枝師匠とガラパゴス諸島に行くようなもの。しかも僕は宮崎とまだ3回しか会ったことがありません。それでも「行きたい」というのですから、ええ根性してます。

後輩の旅費は当然僕持ち。ガラパゴス諸島はなかなかの金額ですから、ディレクターは「3人で行ったほうがいいのでは?」と言うのですが、それではただただ大人3人がスムーズに旅をするだけ。何か引っかかりや摩擦が欲しくなります。ですから宮崎を連れて行こうと。

僕は便所にある図鑑でガラパゴスゾウガメなどを何度も見てますから、その回数より宮崎を見た回数のほうが少ない。ガラパゴス諸島で、4回目の宮崎を見ることになります。

「膝の裏はこんな色なんや。襟足はそんな感じのクセなんや」

旅をしながら、宮崎の生態を知ることになるのでしょう(笑)。

ですが、やはり旅行前に宮崎との面識を増やしたほうが距離も縮まり、より楽しい旅になるんじゃないかと。食事してるときに宮崎を呼びだしたんです。「20分ぐらいで行けます」と言うので、店の住所をメールで送りました。しかし40分経っても50分経っても来ません。向こうは新宿で、こちらは恵比寿。宮崎に電話すると、

「すいません! ちょっと迷ってまして、いったん恵比寿駅まで戻ったところです!」

住所と地図をケータイに送ったのに到着できないなんて、そんなことある⁉　僕には理解不能です。どうやら学名ミヤザキには、【住所と地図を送ると、迷っていったん最寄り駅に戻る】という習性があるようです。

1時間以上かけて、ようやく宮崎が来ました。そして、話題は旅の話に。

「そうや、お前パスポートは？」

「ないです」

聞けば、海外に行ったことがないと。

「いま、書類を実家から送ってもらってるとこです」

「えっ、免許とかないの？」

「失効しました」

免許を失効するなんて、僕にはもう信じられません。普段、車に乗る乗らないに関係なく、かなりの時間とお金を要してやっと手に入れた免許。学名ミヤザキは、それを普通に失効できる生態のようです。

そんな不思議な生き物と、不思議な生き物を観にガラパゴスまで行くんですよ（笑）。

リンゴ

ある日、便所で「あれっ⁉」と思ったんですが、『アダムとイブ』はふたりがリンゴを食べたことで羞恥心が芽生え、股間に葉っぱをつけるようになる、という話です。しかし、リンゴは寒いところにしかならないはず。ですから、葉っぱ1枚のアダムとイブは、むちゃくちゃ寒かったことでしょう。何か不思議な話です。では、アダムとイブ、つまり人類の始まりにリンゴが出てくるのはなぜか。それは、リンゴにある種の神秘性みたいなものがあるからなのかもしれません。

実際に、何かの始まりにリンゴが出てくることがいくつかあります。

まず、リンゴの落下によりニュートンは万有引力を発見しました。また、「世界で一番有名な音楽は何？」と聞かれたら、それはビートルズです。その彼らが作ったレコードレーベルが、『アップルレコード』。メンバーには、リンゴ・スターもいます。

そして、パソコンが発明され、世界が大きく変わりました。パソコンといえば、アップル社です。今までずっとあった徒弟制度をなくし、芸人の学校「ＮＳＣ」ができると。当時は「学校を出て芸人になるなんてとんでもない」とかなりセンセーショナルなことだったと聞きました。その1期生のなかに、ハイヒール・リンゴが（笑）。

何かの始まりには、いつもリンゴがいるんですよ。

何の日

いろいろな記念日があります。わかりやすいところでいえば、11月29日が『いい肉の日』とか。

また、11月18日は『いい雪見だいふくの日』だそうです。これは11月で「いい」、容器を縦にすると、刺す棒と雪見だいふく2つで『18』に見えるからだとか。

10月10日は『目の愛護デー』。数字を横にすると、眉と目に見えるからです。

そして1年のなかで、使い勝手のよさからか、11月11日は特に記念日が多い日なのだそうです。まず、見た目の形状から『ポッキー&プリッツの日』。そして、下駄の足跡に似ていることから『下駄の日』。また十一月十一日と漢数字で書くとプラスマイナスと読めるため、『乾電池の日』でもあります。

他にも、11月1日は「ワンワンワン」で『犬の日』だそうです。しかしこれ、別に1月11日でも11月11日でも『犬の日』は成立します。もっといえば、「ワンワン」で元日が『犬の日』でもいいはずです。ではなぜ、11月1日なのか?

例えば、もし『犬の日』を元日にしたら、「完全に正月にもっていかれる」ということで却下。しかも「今年は未年やん！」と、戌には12年に1回しか合わないので、元日に『犬の日』などは絶対にできません。次に1月11日ですが、これも「まだ正月気分が抜け切れてない時期に、犬の日もないだろう」と、これまた却下。では、11月11日はどうか。これだとちょっとワンが多い。結果、「11月1日でええんちゃうか？」となったのではないかと。

でも、この〝いろいろ考えた末の11月1日〟ですが、実はキティちゃんの誕生日でもあるんです（笑）。うまいこといきません。

こういう語呂合わせを使った記念日は日本だけかと思いきや、海外でもあるそうです。先日、あるクイズ番組でこんな出題がされました。

【7月22日は数学に関する、ある記念日です。それは何でしょう】

22を7で割ると3・14……なんぼになりますから、答えは『円周率の日』です。でも、これって何か海外っぽいというか。『円周率の日』なら3月14日という、そのままの日があるんですから、わざわざ割るという、そのひと調理要る？　っていう。

チャーハンを作ってるオカンが、

「今日はちょっと納豆入れてみた」

「何やねん、その突然の納豆チャーハン！　普通のチャーハンでええのに！」

みたいな（笑）。うまいこといかんなーってことがあるんですよ。

そのなかでも一番うまいこといってないのが、11月22日。結婚する人が俄然多いという、この『いい夫婦の日』に生まれたのが、遠野なぎこさん。

うまいこといかんなー（笑）。

2014

今年を振り返ってみると、3月30日の誕生日に国技館で『40歳ライブ』をやり、その翌日にはレギュラー出演していた『いいとも!』が32年の歴史に幕を閉じる、ということがありました。

その一方、NHKでは『超絶　凄ワザ!』という凄く魅力的な番組が始まったり。また『オモクリ監督』という何の情報もなければ何の役にも立たない、しかし、ただただ笑いをつくるという純度100%の、いま日本で一番面白いお笑い番組が始まったり。

『こんなところに日本人』では、珍しく僕が海外ロケに参加し、モロッコへ行った年でもありました。

あと、これはクリスマスに放送されるのですが、『黄金伝説』でよゐこの濱口くんらと無人島でサバイバル生活のロケもしてきました。以前ここでも「イメージにないでしょうけど、実は僕、泳ぎや素潜りができるので、『黄金伝説』に呼んでくれないかな」とお話ししましたが、それが番組スタッフさんの耳に届き、実現したのです。

このように、以前では考えられなかった仕事の仕方や番組に出たりと、そんな年になりました。本当にありがたいことです。

前述したモロッコでは熱中症にかかりひどい下痢をし、『黄金伝説』のロケでもメンタルは全然大丈夫でしたがフィジカルが拒否反応を起こしたというか、ロケ翌日に急性胃腸炎にまたかかってしまいました。

例年だと年末の25～26日ごろ、『いいとも！』特大号くらいに発症していた急性胃腸炎が、今年は前倒しになってしまったんです。それぐらい体を動かした年だったのでしょう。

以前もお話ししましたが、僕は毎年、年末に赤パンツを20枚買い、年始にそれをおろしています。

昨日、今年買ったパンツを数えてみたら11枚しか残っていませんでした。『トリハダ㊙スクープ』ではVTRにビックリしてウンコを漏らし、モロッコでも1枚捨て、『黄金伝説』帰りで家の近所のイタリアンでも1枚捨て（笑）。例年よりパンツを捨てるペースが確実に上がってますが、それだけ体を酷使して頑張った証拠です。

来年も、いろんなところを柔軟にしてやっていきたいですね。

400

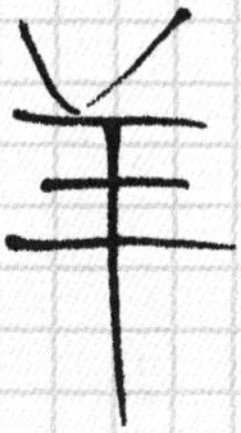

新年あけましておめでとうございます。今年は未年ということで、年賀はがきの切手部分のイラストが一部で話題だそうです。

12年前の未年のときは羊が毛糸のマフラーを編んでいるイラストが、今年のイラストでは羊がマフラーをしています。つまり、編み物がようやく完成し、それを首に巻いている。「なんてシャレているんだ」ということらしいんですが、羊が編み物？　いやいや、そんなの安直すぎます。モグラのサングラスみたいなものです。

例えば、12年前の辰年に龍が編み物をしていて、12年後にむちゃくちゃ長いマフラーをしていたならわかります。龍と編み物は関係ありませんから。それを羊が編み物!?　自分の毛を編んで自分に巻く？　それはどこから持ってきた？　首回りから？　バカかお前は！（笑）

羊は十二支のなかで最もマフラーを巻く必要がないんですよ。

こういうスタンプというかロゴネタでいうと、借金にあえぎ民営化された国鉄。鉄は「金を失う」と書きます。財政難という苦い思い出から、ＪＲの正式名称は『東日本旅客鉄道』とし、金を失わないように「金偏に矢」とあえて誤表記されているそうです。

また、三越のロゴは「㊂」。その「越」の字をよくみると筆書きのはらいの部分が3か所あり、墨のはねでできたギザギザが、それぞれ3本・5本・7本とあります。これは七五三に由来し、繁栄の願いが込められているのです。

そして『ざっくりハイタッチ』のロゴ。ホームページで確認してもらえばわかりますが、「ざ」「っ」「り」に3本・5本・7本のギザギザが。そう、実は三越のロゴからパクっていたのです。

まぁ、40がらみのおっさんしか出てない番組で七五三も何もないんですけど（笑）。

エレベーター

　エレベーターに乗ると、たまに反対側にもドアがついてるやつがあります。それで「こちらのドアが開きます」とアナウンスされますが、あの狭いスペースで「こちらのドア」と言われても、どちらを指してるのかわかりません。「乗ってきた逆側の」とか「後ろの」だったらわかりますが、「こちらのドア」では、「どっちやねん！」って毎回思ってしまうんですよ。

　それはさておき、僕はボクシングを観に後楽園ホールによく行きます。しょっちゅう行くので、ホールに来ているボクシングファンは僕にまったくの無反応。もっといえば、以前ホールで一緒に撮った写真を現像して持ってきて「これにサインくれ」って言われたり。

　その後楽園ホールで、先日ロバートの博がデビュー戦を行いました。博はプロのライセンスを持っていましたが、試合をしないと失効されてしまうため、「ここらで」と試合をすることに。あいつは真面目ですから毎日走り込み、空き時間を見つけてはジムへ。また風邪をひかないようにずっとマスクもつけたまま。相方の秋山も協力的で、「舞台中もマスクをしたほうがいい！」と。そのため、すべてのコントで博が「風邪をひいている」という設定にし直したというほどの力の入れようだったのです。

そのかいあってか博は4回戦に出て、結局4回TKOで勝ちました。僕は博からチケットをプレゼントされていたのに仕事が長引いて行けなかったんですが、4回戦ボーイが4回でTKO勝ちって、あまりないことなんですよ。

というのも4回戦ということは、みなさんほぼデビュー1、2試合目です。ですから、4回までスタミナを維持できるということがあまりないため、勢いや運に任せた1ラウンドKO、2ラウンドKOになりがちなんです。もしくは互いにスタミナが尽き判定、これもよくあります。そこを博は4ラウンドできっちり仕留めたのです。


ではなぜ、ただの芸人風情にそんなことができたのか？　それはやはり人に見られる商売を20年近く博がやってきたからだと思うんです。これがサラリーマンやフリーターならそうはいきません。スタミナを持っていかれてしまう原因は、人の視線による緊張感からだと思います。「スパーリングでできたのに試合ではダメだった」というのも、緊張によるものです。

しかし博は、絶対にしくじれない生放送とか、「ここで勝ったら日本一」という『キングオブコント』とか、いろんな大舞台を20年近く踏み続けてきたため、視線にスタミナを持っていかれることはないのです。

事実、試合前にリング上から、

「あれ⁉　ジュニアさん、どこだろう？　来てないのかな？」

と客席を見渡していたといいますから、いや、どんだけ冷静やねんと。

その後楽園ホールのエレベーター、スペースに対して物凄く人が少なくても「ブー」と鳴ります。これはもう〝後楽園ホールあるある〟で、6人ぐらいで「ブー」って鳴るんです。しかもその音が小さいため、音に気づかず誰も降りません。

……え⁉　もしかしてこれ、減量とかけてんの？　ここから厳しくしていこうとしてるの？って思ってしまうほどなんです。

以上、エレベーターのお話でした（笑）。

大人3人

タケトの車で食事に行こうと、タケトが運転席、シモニィが助手席、僕が後部座席に。するとシモニィが店に予約の電話を入れました。

「8時に、大人3人いけますか？」

それを聞いた僕は「大人3人⁉　何言うてんの？」と思ったのですが、次の瞬間「うわ凄ぇな」と思い直しました。というのも、シモニィには子供がいますから、普段から「大人2人に子供1人、いけますか？」と言う癖がついているため、自然と「大人3人」という言葉が出たんですよ。同じく子供のいるタケトは、「大人3人」を普通に聞き流していました。そう思ったら、俺より全然ステージ上やん！って。普通の乗用車でしたが、こいつらとの距離はリムジンぐらい離れてる感じがして（笑）。そんなことを日々、痛感させられてるんですよ。


札幌よしもとの若手ライブのゲストに呼ばれたときのこと。このライブを千原兄弟の元マネージャーの三瀬がやってて、僕の仲のいい後輩芸人も一緒に呼んでくれたんですよ。タケトとパタパタママに加え、中本と中山、2人の〝ナッカン〟からなるツーナッカンと札幌へ。

同じ楽屋に入ってしばらくすると、みんながタバコを吸いに出ていってしまい、残されたのはタバコを吸わない僕とツーナッカンの中山だけ。ツーナッカンには『こんなところに日本人』の前説をやってもらっているのですが、普段からよく遊ぶ中本に比べ、この中山とは挨拶程度しか言葉を交わしたことがなく、彼の素性は知りません。やがてタバコ組が楽屋に戻ってきて、改めてそいつらを見渡してみると全員が既婚者で、子持ちもいます。

「何が兄さんや！　お前らのほうが人生において全然兄さんやんけ！」

そんなことを思いながら、ふと「中山って彼女いんの？」って聞いてみたんです。

「いや、彼女はいないです」

「独身？」

「いや。結婚してます」

するとと僕以外の４人が、

「えーーっ!?　結婚してたのかよっ！！！！！」

全員が初耳だったらしく、なかでも一番のボリュームを出していたのが、相方の中本です（笑）。この時点で本番3分前。僕は続けて、

「へー、子供は？」

「はい、7歳の女の子がいます」

「えーーっ！　7年も前から結婚してたのかよっ！！！！」

　特に相方である中本は、

「何だよそれ！　何で今まで言わなかったんだよ!!」

「いや、聞かれなかったから」

　ここでスタッフが「まもなく本番です」と呼びにきました。中本は、「いやいや、俺こんなんじゃ本番できねーよ!!」と（笑）。

　では、なぜ黙っていたのか？　聞けば、中山の奥さんはもともと岡山よしもとの社員さんで、中本に対するダメ出しが凄かったと。というのも、その女性からすれば「あなたが頑張ってくれればコンビとして売れ、彼氏も潤う。つまり私も幸せになれる」ということだったのです。しかし当の中本は「俺だけ目の敵にしやがって。嫌いやわ」となります。ですから、中山としては言うに言い出せなかったと。

　つまりツーナッカンはともに妻と子供がいたわけで、ツーどころかロクナッカンだったんです。そして、ただただ僕だけがひとりだったという話ですよ（笑）。

改悛の章

高層ビル

大阪にある高層ビル清掃会社を番組で訪問し、社長にお話を伺ったときのこと。数ある職業のなか、なぜそんな危険な仕事を選ぶの？　と思ってしまいますが、実は彼らはロッククライマーで、高い所が好きで仕方がない人たちなのです。

当時、大阪には高層ビル清掃会社はなく、社長は東京でノウハウを取得し大阪で起業。関西圏の仕事を一手に担うわけですから「これはハネるぞ」と。しかし、一切仕事がこなかったそうです。なぜかというと、大阪にはビルをきれいにするという概念がなかったから。ビルなんて汚れてたってええやんと。「しもたー！　大阪人の魂を忘れてた!!」ってなったそうです（笑）。

ロッククライマーの〝あるある〟というのがあり、ビルを見ていると「あそこのへりに左足かけて、あのサッシに右足かければ登れるな」と動線が見えるそうなんです。また、動物園に行っても、ついサルの動きばかり見てしまうそうです。「あいつ、ええ動きしてんなー」と。

あと、窓の反射もあるためサングラス着用で作業するのが普通だとか。するとビルの中にいる女性からすれば、「私たちの会社をきれいにしてくれる」という感謝の思いもあるでしょうし、「危ない、ドキドキする」という吊り橋効果とも相まって、バレンタインにはめちゃくちゃチョコを貰うのだそうです。サングラス着用で余計にかっこよく見えるからか、持って帰れないほどの量だとか。

じゃあ、そんな人らは「何メートルから怖いんですか？」と聞いたら、「高さと恐怖感は関係ない」と。２００ｍであろうが10ｍだろうが、関係ないというのです。そのなかで一番事故が多いのが、２〜３階。「そう高くない」と舐めてしまい、命綱をつけずに登ってしまうからなのです。

では「作業してて一番怖い建物は？」と聞いたら「京都タワー」だと言うのです。京都タワーの上部にあるお椀部分は曲線を描いているため、ゴンドラに乗っての作業ができません。そのため上からロープで降り、万力でお椀の骨組みに自分の体を固定し、掃除。そしてまた万力を自分で外し、次なる骨組みに万力で体を固定し、掃除。このようにずっと万力に自分の体を委ねるため、その恐怖は相当なはずです。京都タワーの清掃は４人がかりで３日もかかるそうで、その料金がなんと50万円。いや、安すぎるわ！

いろんな仕事があるものです。

404

ガラパゴス

今年の正月旅行はがっつり休みが取れるということで、ガラパゴス諸島に行ってきました。ガラパゴス諸島はヨーロッパ人に大人気で、かなり前から予約が必要らしいのですが、たまたまキャンセルが出たので奇跡的にチケットを4枚取れたのです。メンツはディレクター、作家、後輩芸人である宮崎の計4人です。

まずアトランタ経由で、エクアドルの首都・キトへ。ここで1泊し、翌日ガラパゴス諸島へ飛行機で上陸しました。

実際に降り立ってみると、そこはスーパーや銀行、薬局がある普通の田舎の街並み。しかし、ある違和感が。原チャリがある、ベンチがある、木陰がある。そしてそこになんとアシカが寝てるんです。まるで西成の地べたにおっちゃんが寝てるくらいの感覚で、アシカがいっぱい寝てるんですよ。

そこからゴムボートで客船まで行き、クルージングしながら諸島を回るという4泊5日の旅です。ある島に上陸したら、まあアシカだらけ。しかし、触ってはいけません。なぜかといえば、触ると人間の臭いがついてしまいます。するとアシカのお母さんは「ウチの子じゃない」と判断して育児を放棄、赤ちゃんはそのまま死ぬしかないからだそうです。アシカに限らずそこら辺に動物の死骸《しがい》が転がっていたのですが、食物連鎖を邪魔しないために一切手を触れてはダメ。鳥の死骸をカニが上手に食べてましたよ。フレンチみたいにお上品に食べて、テーブルマナーできてるやん、みたいな（笑）。

次の島へ行くと今度はイグアナだらけ。撮影した写真1枚の中に数えたら24匹もいました。あまりにもイグアナだらけなので、5分も経つと「もうええわ！」って（笑）。

船で4泊5日ですから、同じお客さんと過ごすわけです。30グループ計100人ほどでしょうか、いろんな家族や夫婦連れがいます。そんな人たちからしたら、僕ら4人組ほど異様な客はいません。絶対に血の繋がってない顔立ちのおっさん4人が連れ立ち、しかもカメラをずっと回してる。そんなこともあり「アクター？」と聞かれ「コメディアンだ」と答えると「えーっ!?」と驚かれたりとか。

逆に「何してはるんですか？」と尋ねたら、

「貿易商をしていて、日本にも会社がある」

「ワシントンDCで設計士をやってて、日本の有名なレストランも手掛けた」

とか、みんな大金持ちで、めちゃくちゃ品のある人たちばかりでした。

それを証明するかのように、船の部屋には鍵がついてないんです。しかも今まで一切トラブルがなかったというから驚きです。この船はサンタクルス号という名前だったのですが、『サンタクルス号殺人事件』があったら、まあ犯人は僕ら4人のなかの誰かでしょう（笑）。

さて、船からシュノーケリングができたのですが、5mくらいのマンタと30cmの距離で泳げたんです。他にも、4mほどのサメがいたのですが「襲ってこない」と聞いていたので、そのサメと一緒に泳いだりと貴重な体験ができました。

さらに他の島へ行くと、アカメカモメという生物がいました。例えば、〝おしどり夫婦〟という例えに使われるオシドリは、「オスメスともに浮気しまくるので全然おしどり夫婦じゃない」という雑学があります。しかしこのアカメカモメのつがいは一生をともに添い遂げる、真のおしどり夫婦。その2羽がずっと僕らの目の前にいたので、「ご利益あるんちゃう？」と、40がらみのヤモメのおっさん3人が写真を撮りまくったり（笑）。

夜、酒を飲んでいたらいろんな話になります。今回連れていった宮崎という後輩は、まだ会うのも6回目ほどなので、素性をまったく知りません。

この男、30歳にしてまだ芸歴3年目。「えらい遅いな。どういう経緯で芸人になったん?」と聞くと、「実は……」と宮崎。

「20歳のときに知り合った女性と、実は結婚したんです」

「えっ！　お前、結婚してんの⁉」

その女性はシングルマザーで、結婚と同時に1児の親に。しかし、宮崎の衝撃発言はまだ続きます。

「僕、子供4人いるんです」

「ええっ‼」

しかしいろいろあって離婚。子供は向こうが引き取り、ひとりになってしまった宮崎。それならば昔からの夢である芸人になってやろうと思いたったそうです。

「だから僕！　絶対に売れないといけないんです！」

いやいや、お前のバックボーン、重すぎるて！

その前に、アカメカモメの話をどんな気持ちで聞いててん（笑）。しかし、ひとりは連れ子とはいえ、子供4人なんて絶倫すぎます。

そして翌日、絶滅に瀕していたガラパゴスリクガメを、たった1頭で140頭もの子供を作り、絶滅の危機を回避したという伝説のカメがいたので、その絶倫カメ越しに宮崎を撮ったり（笑）。まあいろんなことがあった旅でした。

で、結果、この旅行で一番感動したのが、帰りの飛行機で観た『STAND BY ME ドラえもん』でした。もうドラ泣きやったわ（笑）。

ガラパゴスにいるどんな生き物よりも、やっぱりあの青いネコ科の生き物が一番感動を誘ったんですよ。

（左上）24匹もいたイグアナ。（右上）寝そべっているアシカ。（左下）絶倫なガラパゴスリクガメ。（右下）ご利益があるかもしれないアカメカモメ

時代がひっくり返る音

5年ほど前から、年末に大阪と東京でボクシングの世界戦をやるようになりました。僕らファンからすれば、こんな嬉しいことはありません。２０１４年の12月30日と31日は生で16試合、テレビ観戦も含めると18試合くらい観れました。

そのなかでも30日に行われた、井上尚弥選手とナルバエスの戦い。このナルバエスは、ボクシングファンなら誰もが知ってる伝説のボクサー。何が伝説かというと、２階級制覇を成し遂げたこのナルバエス、フライ級で16回防衛、１コ上げたスーパーフライ級で11回防衛したのです。日本最高記録が具志堅さんの13回ですから、１つの階級で上回り、もう１つの階級でもほぼ同レベル。そして12年間王座を保持しているのです。またアマ時代も含めれば２００戦近く戦い、まだ1度もダウンしたことがないという強豪中の強豪。

一方の井上くんは、日本最速となる6戦目で世界王者に。しかしすぐに返上し２つ階級を上げナルバエスとやる、と聞いたときは正直「いや、早いて」と思いました。

井上くんの所属する大橋ジムでは、この3か月前にローマン・ゴンザレスというとんでもなく強い無敗の王者に、所属する八重樫選手を当て試合を組んだのです。すると、八重樫選手は負けてしまいましたがむちゃくちゃいい激闘で、八重樫選手は男を上げたのでした。ファンの間でも「やっぱり強いヤツと逃げずに戦わなあかん」という空気が高まり、そんななか井上くんとナルバエスの一戦が決定。僕は「その空気に呑まれすぎちゃうか?」と思っていました。

しかし、会長やトレーナーはこう言うのです。

「彼のモンスターっぷりは、本当はあんなもんじゃない」

試合が始まりました。正直、「判定で井上くんの勝利」くらいに思ってましたが、1ラウンドでバチーン!ってダウンを取ったのです。200戦近くダウンしたことのない男が、僕の眼球の中で尻もちをついたのです。そしてさらにダウンを奪い「マジか⁉」ってなって。

2ラウンドに入るとまたもやダウンを奪い、最後はボディで倒しKO勝ち。頭やアゴを打たれてのKOだと意識が飛んでしまい立てなかった、となります。しかし意識がはっきりしているなか腹が苦しくて立てないというのは、相手にとって屈辱でしかありません。

「すっげー!!」

明らかに時代がひっくり返る音が聞こえました。

僕は今まで何度かこの音を聞いたことがあって。例えば、辰吉さんが8戦目で世界を獲ったときは、まさしく時代がひっくり返る音が聞こえました。

また、にらみつけて思いの丈をぶつけるというのがパンクロッカーだった時代に、ジャケットに笑顔の4人がドーンと写ってるブルーハーツのアルバムが発売されて。『夜のヒットスタジオ』で、

「♪写真には写らない美しさがあるから〜〜リンダリンダ」

と歌ったときに、やはり時代がひっくり返ったでしょうし。

また、ダウンタウンさんがクイズのネタで、

「さて、何でしょう？　カッチ、カッチ、カッチ……」

と言ったときも、時代がひっくり返る音が聞こえました。それらと同じものを、僕はこの井上戦で聞くことができたのでした。

その少し前、スペースシャワーTVでやってる番組で、オーディオオタクさんの家に伺い、お話を伺ったことがありました。

音は見えないため、ある意味深すぎて踏み込んではいけないといわれるオーディオの世界。例えば、オーディオを極めていくと、家庭用コンセントでは全然音が悪く満足できなくなるそうなんです。では、どのコンセントが一番いいのかというと、病院のものだと。抜けにくくて凄くいいらしいんです。

また、電力会社に言えばぶっとい電線に替えてくれるそうで、そうなると今度は電柱まで替えるという話になってきます。そして一番音がきれいに聞こえるのが、電力消費の少ない元日深夜だと言うんです。となると、田舎に行けば行くほど音がキレイに聞こえるということになり、もっと言うと「東京電力より九州電力のほうが音がいい」とか、「いや、関西電力のほうが」という話にもなる。ですから最高の音を聞こうとすると、土地探しから始まるというのです。

実際に電線まで替え、部屋を改造しまくったオタクさんのオーディオルームで、僕がいつも聞いてるCDを試聴することに。すると、

「こんな曲知らん……。俺、このCD初めて聞きました」

そのぐらいまったく違う音に聞こえたのです。それと同様に、

「これが本当の井上尚弥なら、俺は井上尚弥の試合を、今日初めて観ました」

と感じたのです。


最後にボクシングあるあるをひとつ。しょっちゅうボクシングを観に行きます。すると、しょっちゅうあるんです。世界戦は12ラウンドで行われますが、10ラウンドのときラウンドガールが「10R」と書かれたボードを持ち、リングを1周します。すると観客が、

「あと2つだぞー！　いけー！」

いやいや、あと3ラウンドあります。なぜ10ラウンドを数えない？　なぜ引き算するんでしょうか。

長々と喋りましたが、実はこれを言いたかったんですよ（笑）。

ぜいたくな話

本当にありがたいことに、もし自分が参加してなかったら凄く嫉妬しただろうなという番組に、ほぼ出させてもらっています。『すべらない話』や『IPPONグランプリ』もそうですし、芸人2人だけでフリーに喋れる『にけつッ!!』とか。また、企画から考え、好き勝手にやらしてもらってる『ざっくりハイタッチ』もあったり。

そんななか、『オモクリ監督』。これは毎週さまざまなVTRテーマが与えられ、それに沿った映像作品を作っていくというもの。このご時世にあって、混じり気のないお笑い純度100%の番組です。

しかし、やることも多いので、大変な番組でもあります。自分でカット割りし、本当に撮影します。自分が出ていないシーンでも、そこは監督ですから現場へ行き「よーい、スタート!」と言い、最後まで立ち会います。そして編集所で「ここをあと2秒詰めて」とか編集にも携わってます。番組自体、「こんなんすぐ終わるやろ」と思っていたら、4月以降も続くようで。本当に幸せなことです。

毎週のように作品を作っていくのですが、諸事情により陽の目を見なかったボツネタもあります。

例えば、偉い政治家が交通事故で死亡。すると、現場のガードレールにはお花とともに、生前愛したアナルバイブやペニスバンドがお供えされてた、という。このネタは丁重にお断りされました（笑）。

また、僕は面白いと思うんですけど、伝わりづらいという理由で自分でボツにしたネタもあって。乾燥する冬の寒い夜、バーで女と知り合います。その女は乾燥を防ぐため、リップクリームを塗っている。意気投合しホテルへ行くも酔っていたため、その晩の記憶があまりない。パッと起きると、その女はもういなくて、鏡を見てみるとリップクリームで、

【Ｇｏｏｄ　ｂｙｅ】

って書いてあるっていう。リップなのでよく見ないとわかりづらい、という話なんですが、このネタ自体がわかりづらいということでボツに（笑）。

まだまだあります。着物を着て白髪をオールバックにした先生が、朝までに原稿を仕上げようと机に向かっています。しかし、なかなか筆が進まない。ようやく思いついた先生は一気に書き上げ、何とか締め切りギリギリで間に合います。それを編集者が受け取り、編集部へ。仕事を終えた先生は葉巻をゆっくりとくゆらせ、ブランデー

グラスを傾けます。その出来上がった作品が『みこすり半劇場』。岩谷テンホー先生だったのです（笑）。

会議で言ってる途中で「こんなもんできるか！」って思うやつもあります。『テルマエ・ロマエ』なんですけど、主人公が風呂に吸い込まれてタイムトラベルして出てくるところが全部ソープランドだったり（笑）。『突撃！隣のヨネスケの晩ごはん』いうて、ガチでヨネスケ師匠の晩ごはんを突撃するとか（笑）。

こういうのもありました。ファミレスを愛してやまない店主のヤナさんが亡くなって。アルバイトの3人が「ヤナさんが喜んでくれる葬式にしよう」と奮闘します。お焼香はほうれんそうのバターソテーで、棺桶の開けるところは「びっくりドンキー」の両開きのメニューみたいになってたり、遺影の横にはカロリー表示が書かれてあったり。ラストはヤナさんが火葬されて青い空に煙が上がっていくというシーン。その煙がローマ字で「Yanasan's」って「Jonathan's」みたいなロゴで出るという（笑）。

こんなのもありました。テレビを観ている家族がブワーッと爆笑してて。画が変わって、カップルがテレビを観てめっちゃ爆笑してて。また画が変わって、ひとり暮らしのＯＬが友達とテレビを観てすごい爆笑してて。テレビ画面が映ると『笑点』をやってるんですが、５人中３人の座布団が70枚ほど積み重なっていて、テレビの画角から突き抜けてるっていう。好楽師匠と昇太さんだけちょっと顔が見えるぐらいで、あとの３人は座布団しか見えない（笑）。

最後にもうひとつだけいいですか？

小料理屋をやってるキレイな女将が海岸にいて、立ち尽くしてます。すると、向こうから歩いてくる男の子に気づき、女将は号泣します。そして、男の子の後ろからは親父が登場。親父は小料理屋の女将に近づくと何も言わず張り手を一発食らわせ、女将を抱きしめます。抱き合う親父と女将。２人を見ていた男の子も、そんな２人を抱きしめます。そのままカメラがパーンと動いたら、岩場に波がザバ――ンってなって、『東映』

という三角形のロゴが出る。つまり、お馴染みの東映ロゴが出てくる前にはこんなストーリーがあったという話だったり（笑）。

そんな『オモクリ監督』を、どうぞよろしくお願いします。

原題と邦題

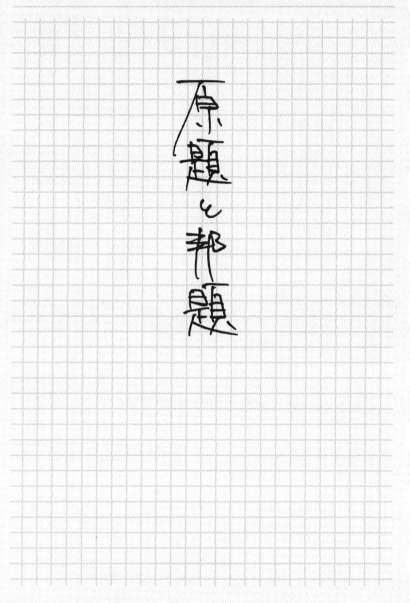

劇場公開時に見逃していた『ゼロ・グラビティ』を、先日ＷＯＷＯＷでやっていたので遅ればせながら観たんです。もし僕がこの映画の監督で、こんな会話があったとします。

「監督、『ゼロ・グラビティ』観ましたよ」

「え、どこで観たんですか？」

「家で観ました」

そう言われたら、「正直、それ観てないいやん」と思うでしょう。

「すみれのラーメン食べましたよ」

「え、どこで？」

「コンビニのカップ麺で」

いや、それはそうですけど、寒いなか札幌の『すみれ』に入り、油膜の張った熱々の味噌ラーメンを食べて、初めて「すみれのラーメン食べた」と言えると思うんです。それと同様に、映画館で３Ｄで観るために作られた作品ですから「家で『ゼロ・グラビティ』を観た」というのは、「ほぼ観てない」ということになると思うんです。

この映画は、まず『グラビティ』と文字が出て物語が始まります。そして、無重力の宇宙空間をさまよっていた主人公が何とか地球に戻り、両足で地面に立ったときもう一度『グラビティ』と文字が出て、映画が終わります。僕はこれを聞いて驚いたのですが、実は『グラビティ（重力）』こそが原題で、『ゼロ・グラビティ（無重力）』は邦題だというのです。

命からがら地球にたどりついて両足で立ち、やっと重力を感じた瞬間に『グラビティ』とタイトルが出るというのが本来あるべき姿なのに、『ゼロ・グラビティ』という邦題だと、大オチを変えてしまっています。監督からしたら「何してくれてんねん」という話です。原題が『愛想』なのに、日本では『無愛想』という邦題がつけられているのと一緒です。

こういう「センスのない邦題」ってほかにもあります。

例えば『カールじいさんの空飛ぶ家』の原題は『ＵＰ』だそうで、絶対に原題のほうがいいです。この邦題だと、

「カールじいさんの家が空を飛ぶんです！」

と、最初から全部言ってしまってますから。

『アナと雪の女王』も原題は『Ｆｒｏｚｅｎ』で、こちらも原題のほうがいいと思います。でもその邦題で大ヒットしたのですから、女性や子供たちは邦題のほうが受け入れやすく、ズレてるのは僕のほうなんでしょうけど。

そんなことを思ってたら、「すべてには原題があり、僕らが知っているのは邦題のほうではないのか」と考えるようになりました。

例えば原題は『ハンカチーフ』、その邦題が『幸福の黄色いハンカチ』というように。となると、原題が『ルーム』で、これの邦題が『徹子の部屋』なんちゃうかなって（笑）。

ほかにも、原題『急所』の邦題が『セクシーゾーン』、原題『ヒステリックグラマー』の邦題が『カイヤ』。

そして原題『GUNS N' ROSES』の邦題は、『宮川大助・花子』でしょう（笑）。

つまり、原題のほうが絶対かっこいいんですよ。

ネットニュース

マネージャーの大谷と移動中、ケータイでネットニュースを見ていたら、ある記事の見出しに驚き、「えっ!?」と思わず声が出てしまいました。

「どうしたんですか?」

「いや、ええねんええねん」

すぐにそれが勘違いだとわかり、耳が赤くなってしまいました。というのも、【ジョニデ　来週末結婚】が、【ジュニア　来週末結婚】に見えてしまったのです。

恥っず〜って思ってしまいました。

日頃から、まだ付き合ってるのに【ジュニア破局】と書かれたり、逆に何もないのに【ジュニア熱愛】と書かれたり。まったく身に覚えのないことがニュースにされてしまう立場にあるので、見間違えてしまったんです。知らん間にそこまで追い詰められてたのかと(笑)。

でも【ジョニデ】と【ジュニア】、文字面がよく似てます。そしてこれを見たとき、『文字には右向き・左向き・正面向きがある』ということに気づいたのです。

例えば、【ジュニア】の「ジ」と「ユ」と「ア」は、文字が左側に向かって開いているので、左を向いてるんですよ。そして「ニ」は、シンメトリーなので正面を向いてる。これが僕が考える『文字には向きがある』のルールです。【ジョニデ】も4分の3、左を向いて立ってます。

もうちょっと例を出しましょうか。ひらがなの「し」は右を向いてますが、カタカナの「シ」は左を向いてます。「ト」なんて、完全に右を向いてますね。

後輩に【山本吉貴】ってヤツがいるんですが4文字全部シンメトリーなので、もう真正面からぐっ！と見つめてくるんですよ。「何やねんな！」と言いたくなるくらい、こっちを見てきます。

では、アルファベットはどうなのか？　と見てみると、ほとんどが右向きなんです。「B」も「C」も「D」も「E」も全部、右向き。

でも「J」だけは、はっきり左を向いているんですよ！

以上、株式会社Jの代表取締役からでした（笑）。

間寛平師匠

この間、寛平師匠と喋る機会がありました。アメマバッジを10万個も作って凄い借金があったとか、いろんな伝説を噂として聞いていたので、「当時、借金ってどんな感じだったんですか?」と、ご本人に直接聞いてみたのです。

連帯保証人が逃げ出したこともあり、当時のなんば花月に出入りしていた10社もの違法な高利貸から、借りては返し借りては返しを繰り返し、借金がどんどん膨れ上がったそうです。寛平師匠はまだ26~27歳でしたが、その額は当時で6000万円もあったと。3億円事件が今の金額に直すと20億といわれています。師匠の場合、3億円事件よりは少しあとの時代ですが、ざっくり5倍としても3億円。つまり、20代で3億の借金があったという計算になり、その額に驚きました。

当時、八方師匠、きん枝師匠、寛平師匠は群を抜いて借金があり、なかでも八方師匠はホテルでロープを首にかけるところまでいったそうです。しかし会社から借りることができ、なんとかそれで返せたと。じゃあ俺もと寛平師匠は会社に借りにいったところ、なぜか「お前には貸されへん」と。すると「ほんなら会社を通さない、直の営業に行ってもええか?」と聞くと、会社はそれを認めたそうなんです。普通ならご法度のはずの〝裏営業〟。これはかなりの高額なギャラとなるため、寛平師匠は寝る間も惜しんで営業に行き倒したと言います。

そんなある日、余興先の広島の旅館で夜中の3時に目を覚ました寛平師匠。畳の上であぐらをかいていると、畳の目全部が、

「東京に行け！　東京に行け！　東京に行け！　東京に行け！」

と言ったというのです。

「ジュニア、畳の目ってめっちゃあんで。その目が全部、俺を応援してくれてんねん」

そのまま寝ずに始発で東京に向かったそうです。まず島田洋七師匠に連絡し、こうお願いしたといいます。

「たけしさんに会わせてくれ」

たけしさんとお酒を飲み、最後に「じゃあお願いします」と寛平師匠。たけしさんが送っていくよう弟子に言うと、その車中で当時の運転手からこう言われたそうです。

「僕は関西出身で、ずっと寛平さんのことを見てきました。だから、たけし軍団に入るのはやめてください」

実は寛平師匠、軍団入りをたけしさんに直訴するために上京していたのです。しか

し、運転手からそう言われ、踏みとどまったそうです。

次に萩本欽一さんに相談に行ったところ、それを聞きつけた吉本の偉いさんが「今、寛平を吉本から離したら、ウチの恥ですから。今回の話はなかったことにしてください」と萩本さんにお断りを入れたとか。これがきっかけでようやく会社からお金を借りることとなった師匠は、借金がなくなり吉本に残ったのです。

そんな寛平師匠、めだか師匠とタバコ片手に飲んでいるときに、こんな会話があったそうです。

「めだかちゃん、俺、同じ夢を2回見たんや」

「何やねん？」

「瀬古選手とデッドヒートを繰り広げている夢。俺、走っても走っても全然疲れへんねん。そんな夢を2回見たんや」

「ほんなら、1回走ってみれば」

「そやなー」

そう言いながらタバコを消し、次の日から禁煙して走ったそうです。すると夢と同じで、5㎞走っても10㎞走っても全然しんどくない。

その後、東京行きとなった寛平師匠についたマネージャーというのが比企。彼は大阪時代の千原兄弟をいろいろとプロデュースしてくれた男で、走ることに没頭し始めた師匠を見て、こう言ったそうです。

「直の営業は、もうやめましょう。俺が全部、仕事取ってきますから」

そんな比企が日テレに持っていった企画が、24時間テレビのマラソンだったのです。元祖は寛平さんで、最初は今の倍の200㎞だったというから驚きです。

東京で芸能活動を続けていたある日、寛平さんがゴルフの帰りに海ほたるを車で走っているときでした。

「ほんならな、ジュニア。今度は、海ほたるが『世界一周せぇ』って言ってきよったんよ」

車中からすぐ比企に電話したという師匠。

「比企、俺、世界一周するわ」

「わかりました、1週間後に話をしましょう」

最初は5大陸を走るという予定だったらしいんですが、もうそれは他の外国人が先にやってしまっていたということが判明。

「ほんなら、NGKの下手袖からはけて、世界一周して、それで上手袖に戻ってきたら面白いやろ？」

「やりましょう！」

これが、あの世界一周マラソンです。しかし畳の目といい、海ほたるといい、神の啓示としか言いようがありません。

僕は寛平師匠の今後が気になり、質問を続けました。

「今後は、どうするんですか」

「木の上で1か月生活すんねん」

「えっ⁉」

「『俺いま、しんどいねん』とか、木が喋りかけてくんねん」

真顔で〝木と会話できる〟という師匠。木の上で生活することを決めてからは「俺に登ってくれ！」「いや、俺の上で生活してくれ」とスカウトが凄いそうです。

もはや、人ではありません。

ステージが何個も上というか、何かと人の間《はざま》ですよ（笑）。

ボクシングマガジン

ボクシングは世界戦でなくても、夜中にテレビ中継されることがあります。昔、ホフディランのワタナベイビーさんと一緒に番組をやらせてもらったことがあって。僕が観にいった試合がたまたま中継されていて、そこに僕が映り込んでいるのを発見すると、ワタナベイビーさんから【ジュニアさん、観てますね】と、毎回メールが来るんですよ。よくこのメールが来るなあと思ったら、実は僕なんかよりはるか昔からのボクシングファンで、全部の中継を観ているボクシングオタクだったのです。

そんなワタナベイビーさんからまたメールが。

【30年前ぐらいの『ボクシングマガジン』が10年分ぐらいあって、実は処分することになったんです。ジュニアさん、要りませんよね?】

【いやいや、ぜひください!】

そうメールを返信して後日、10年分というかなりの量を、わざわざ届けに来てくださったのです。それを今、古い順から読んでいるのですが、これがもう楽しくて仕方ないんです。

今、日本には渡辺二郎しか世界王者がいないのに、その渡辺二郎が負けた。そんななか150年に1人と言われる大橋秀行という新星が現れ、これは世界を獲れる思ったら負けたんか！　みたいな。

一方、アメリカでは18戦連続KO勝ちという、久しぶりに活きのいい若いのが出てきたと。名前はマイク・タイソンというらしい、とか。

そうこうしていたら、浜田剛史さんがレネ・アルレドンドを1ラウンドで倒して世界王者に！　みたいな。

現在の『ボクシングマガジン』には井上尚弥選手や内山高志選手が誌面を飾っていますが、それと同時に読み進めている過去の『ボクシングマガジン』では、シュガー・レイ・レナードがもう1回復活するかもわからんという記事が躍っています。広告も昔のままで衣笠選手の写真がドーンと出てたり。言葉の使い方も当時のままだし、トランクスの流行の変遷もわかり、読んでいて本当に面白い。古本は過去に行けるタイムマシンみたいなもんですよ。

先ほど言ったタイソンですが、出たてのころは真面目な優等生として誌面で扱われていて驚きました。というのも、2014年に出版された『真相――マイク・タイソン自伝』では、本人自らこんなことを語っています。

「練習もまったくせずにコカインばかりやって。ニセのチンコつくってそこに友達の小便入れて、尿検査パスして。再びそれをやったら、今度は引っかかってしまい、なぜかといったら、その友達もコカインをやっていたから」

これぞ、タイソン・マイクのすべらない話です（笑）。


これから読み進めていくなかには、大橋さんが世界王者になったり六車卓也が出てきたり、辰吉丈一郎が出てきたり。まだまだ楽しめます。

そんなことを言うてたら現実世界では、地球上で一番稼ぐスポーツ選手であるメイウェザーと、2番目に稼ぐマニー・パッキャオとの試合がついに決まりました。250億円マッチといわれるこの試合、12ラウンドまでいったとしてインターバルを入れると計47分。ということは大体1分5億円という計算になります。

まさに、これはもう〝世紀のビッグマッチ〟。ですから、ぜひとも生で目撃したいものです。試合のある5月2日は今からスケジュール調整をしているのですが、その前になんとかチケットを入手せんと……。

411

毎日死ぬ

本当にありがたい話ですが、いろんな番組に出させてもらっています。しかし、〝いつまでもあると思うな、親とレギュラー〟ですよ。こんなこと言うと観てるほうが冷めるわ、という話ですが、気ぃ引き締めて一生懸命やらんと、と思います。

自分自身のバッテリー量というものがあって、夜寝るときに「あ、今日は68％も残ってるやん」という日があったらやっぱりダメなんですよ。そんなもん、0％になるまで家に帰ってくるなという話です。言葉を選ばずに言えば、

「毎日死ぬ」

ということです。

もし今から書き初めをしろって言われたら、「毎日死ぬ」とか「0％」って書きますね。これは肉体的にヘトヘトになれ、という意味ではありません。ちゃんと脳みそを使い、いろんなことにクエスチョンマークを付けられたのか。感嘆符を人に付けさせ、新しいものを作れたのか。しっかり笑いを生み出せたのか。そういうことだと思うんです。

なぜこんなことを言うのかというと、ありがたいことに頑張れる場所がある今こそ、引き締めてやらんとあかんなって思って。

また、以前、僕が尊敬して信頼できる人に叱咤され、本当にそのとおりやと思ったというのもあります。ここ1、2年、舐めてたなと。本当にこれからは毎日死に続けたいと思っています。

なんか、随分湿っぽくなってしまいました（笑）。

3月も中盤になりましたが、これをもって新年の挨拶と代えさせていただきます。

ツイッター

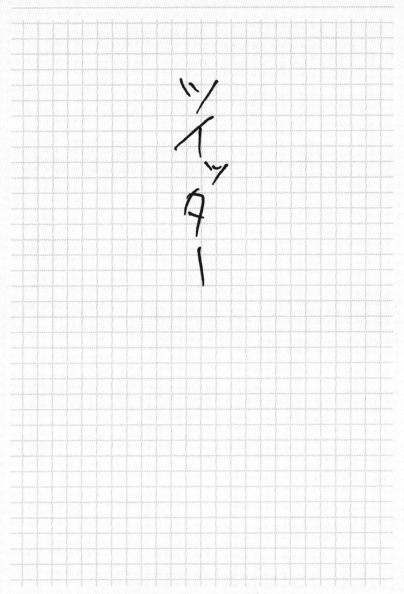

職業柄、ファンの方から手紙をいただいたりします。すると最近「ツイッターでフォローしてくださって、ありがとうございます。凄く嬉しいです！」というのが何通かあったのです。ツイッターなんてまったくやってないので、誰かが僕になりすましているのでしょう。被害を被ったわけではないので別にいいのですが、時代やなーと。

さて、この春までユニクロ1社提供の『千原ジュニアのシュッとしょ！』という番組を、大阪でやらせてもらってました。これはスタジオ2本撮りで、1本目・2本目をそれぞれ違うユニクロの衣装を着ての収録となります。そして2本目を撮り終えたら、そのままの衣装でユニクロ大阪の店舗まで移動。そこで店員さんと「衣装のポイントは？」といったロケをします。そして控室に戻ると今度は1本目の衣装に再び着替え、またそのロケを。これが終わると、私服に着替え帰京となります。

その番組の収録があったある日のことです。東京に戻るため新大阪駅へ。何気なく私服のコートのポケットに手をつっこむと、目薬とリップが入っています。

「ん!?」

というのもここ20年近く、目薬とリップと鍵はズボンの右ポケット、左のポケットにはケータイを入れると決めてやってきたんです。つまりコートのポケットに物を入れる習慣はありません。ということは移動の際にスタイリストさんが落としはって、どこから落ちたかわからなかったので、コートのポケットに入れたんだろう、と。

そう解釈しながらジーパンのポケットを確認したら、何も入ってない。鍵がないんです。僕は新幹線の時間があるので、帰らないといけません。代わりにマネージャーの大谷が現場に戻って鍵をピックアップし、遅れて東京に戻るということにしました。

しかし品川に着いても、大谷からの着信はなし。こちらから電話しても、

「どこで落としたかが不明で、まだ出てきてません」

「いや、目薬とリップを落としたところがわかってんねんから、そこら辺やろ」

「でも、目薬とリップを落とした場所が違うところなんです」

あれからもう2週間以上経ちますが、まだ出てきてません。家、車、バイク2台、金庫、ジムのロッカー、車のキーレス、計7個の鍵がないまま。マンションは入口がカード、玄関はテンキーなので入れますが、鍵が1本もない。大好きな子と付き合い始めのように、朝起きてすぐに大谷から電話がきてないかケータイを見る毎日（笑）。

ですからツイッターで僕になりすましてる人、「大阪のABCからユニクロ大阪あたりのどこかに、鍵落ちてませんか?」って、つぶやいてください（笑）。

ラブソング

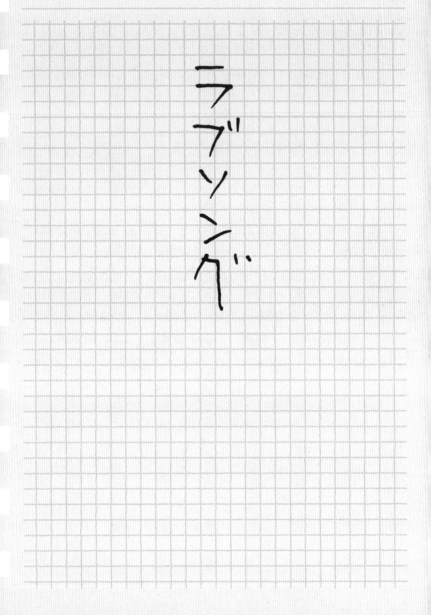

先ほどお話しした『シュッとしょ！』には、ゲストとして槇原敬之さんが来られたことがあって。そこでこんな話をさせてもらいました。

『オモクリ監督』に「オモウタ」というコーナーがあり、このときは「大切なもの」をテーマに面白い歌詞を考えろ、というものでした。ネタふりの部分にちゃんとしたラブソングっぽい歌詞が必要なのですが、僕はそういう歌をあまり知りません。そのためカラオケボックスに行き、ＡＤくんに世間で売れたラブソングをランダムにかけてもらい、それらの歌詞をずっと見ることにしたのです。

するとこんなこと言うのもアレですが、歌詞の本物感と偽物感がすぐわかるというか。なかでも「日々」と「カケラ」が、めちゃくちゃ出てくるんです。「あ、また『日々』や、また『カケラ』や」って。ラブソングの世界では、カケラの日々が凄いんですよ（笑）。

しかし、槇原さんの歌詞は難しい言葉を一切使わず、誰もやってないアプローチで書かれていました。

例えば、恋人が出ていったことを、【紅茶のありかがわからない】という一行で表現したりとか。

『冬がはじまるよ』という歌は夏から始まっていて、８月の誕生日に半袖と長袖のシャツをプレゼントしたのは、長袖を着るような季節になっても一緒にいられますようにというおまじないだっていう。もう、短編小説みたいなレベルというか。

サイレンの音がうるさいというけど、あれは誰かを助けるための音やと。だから、あれはヒーローのテーマソングや、という歌詞があったりとか。

以前、槇原さんのファンの方から手紙をいただいたことがあります。僕はアルファベットを逆さに読む癖があるのですが、槇原さんの歌詞にもそのようなものがあると。「ｄｏｇ」は逆から読むと「ｇｏｄ」。犬はいろんなことを人間に教えるため逆さまになり、空から落ちてきた神様なのかもしれない。そんな話も対談でしたりして。

そんな槇原さんから、こんなことを言われました。

「ジュニアさんって、よく旅行にいった話をされてますけど、もしよかったら今度一緒に行かせてもらえませんか？」

近い将来、僕の旅行記に槇原さんが登場するかもしれません（笑）。

414

斎藤

20歳ぐらいのとき、斎藤という後輩とずっと一緒にいた時期がありました。僕のマンションに居候していたので、後輩というよりまるで内弟子です。そんな斎藤は、僕が東京に行くことになったときも「ついて行きます」と。しかし斎藤には結婚を前提とした彼女もいたので、それはやめさせました。

斎藤はザ・プラン9のお～い！久馬と同期なのですが、久馬が「まだ連絡を取っている」ということがわかり、17年ぶりに会うことになったのです。大阪で最後の住居となったマンションの1階に中華料理屋があり、そこでご飯を食べることに。「懐かしいなあ」といろんなことを喋ってたら、忘れてることもいっぱいあって。

例えば斎藤は、Tシャツとパンツは僕のおさがりをはいていたらしく、他の後輩からしたら「斎藤がジュニアさんのコスプレみたいになってる」ということがあったり。他にも、グアムに一緒に行って一切海を見ずに、ホテルにこもってずっと大喜利をやってたとか（笑）。

そんななか、斎藤が「あれ覚えてはりますか？」と。夜中の3時くらいに道頓堀を歩いてたら、ベロベロに酔ったチンピラに絡まれたことがあったんです。

「お前、テレビに出てるヤツやんけ！　サインしてくれや！」

しかし、そいつは手ぶらです。

「いや、何も持ってませんやん」

「なんや、お前ナメてんのか！」

そう言うと、僕の髪をわしづかみにし、

「お前こっちこい！　兄貴に挨拶しにこい！」

と、そのまま地下にある焼き肉屋に連れて行かれました。一番奥の席には、兄貴と呼ばれるカタギじゃない人が、ホステスをはべらせ肉を食べています。そして明らかに僕より年下のそのホステスは、細いタバコの煙をくゆらせながら「あんた、いつも観てんで」と言ってきました。こいつら腹立つわ〜と思っていると、そのチンピラが、

「お前、酒飲め！」

「いや、いいです」

「俺の酒が飲まれへんのか！」

再び髪の毛をわしづかみにされると、今度は後頭部を壁にガンガン打ちつけられたのです。

「俺の酒、飲め！　オラ！」

とにかくサインして帰ろうと思い、パッと見ると斎藤がいません。チンピラの一番下っ端のヤツが、急いでサイン色紙とマジックをコンビニに買いに行ったのですが、それに斎藤もついて行ってしまってたのです。いや、なんでやねん！

ほどなくすると、一番下っ端のヤツがサイン色紙、斎藤がマジックを持って帰ってきました（笑）。「なんでやねん！」と思いながらもサインすると「『組長さんへ』って書け」と言われ、「俺のサインなんて要らんやろ」と思いつつも書いて。

これでようやく解放された僕らは、地上へ。すると一番下っ端のヤツが表に出てきて、突然僕らの前で土下座を始めました。

「すいませんでした！」

「えっ……？」

「兄貴は酔うたら酒癖が悪くて、見境がつかなくなるんです。一般の方にこんなことして、ほんまにすいませんでした！」

そう言うと、20万円ほどをこちらに差し出し、

「これをもらってください！　ほんまにすいませんでした！」

「いやいや、いいですいいです」

「いや、どうしても持って帰っていただかないと！」

「いや、いいですいいです！」

何とか振り切り、僕と斎藤は帰っていったのでした。

それが17年前。そこから10年ほど経って『ダウンタウンDX』に千原兄弟が出させてもらったときのことです。『視聴者は見た！』のコーナーでこんな投稿が。

「10年ほど前、千原ジュニアが路上で、チンピラからカネを巻き上げてるところを見ました！」

偶然通りかかった人からしたら、そりゃそう見えるはずです（笑）。

結局、斎藤とはこんな話を朝5時までずっとしてました。

パイロット

以前もお話しさせていただきましたが、僕にはアルファベットを逆から読む癖があるんです。例えば『PILOT』。これを逆から読むと『TOLIP(トリップ)』、音的には「旅行」という意味になるなあ、とか。

先日、池上彰さんの番組に出させてもらったときのこと。池上さんは、ぼんやりとよくわからない事柄をはっきりとわからせてくれる解説が魅力の方です。その池上さんの名前の『彰』は、「はっきりとあらわす」という意味。そして『IKEGAMI』を逆から読むと『IMAGE』。つまり、ぼんやりとしたイメージをはっきりあらわすという、まさに名は体を表しているんですよ。

ということを、番組に出ながらボーッと考えてました(笑)。

あと、僕はいつも「いろはす」を飲むのですが、もし僕がCMプランナーなら、いろはすのCMは吉田沙保里さんにやってもらいます。「ILOHAS」を逆から読むと「SAHOLI」ですから。

ということを、本番前の楽屋でぼんやり考えてました(笑)。

善悪

この世には、本当にいろんな善悪というものがあります。新幹線で名古屋へ行くため品川駅の改札を通ると、向こうからある女性タレントが歩いてきました。そして、その横には10代後半ぐらいの男の子が色紙とマジックを持ち、

「サインお願いします！　サインお願いします！」

と言っているのですが、その女性タレントは男の子のほうを一切見ずにガン無視。

「すいません！　サインお願いします！　サインお願いします！」

男の子が逆側に回って必死にお願いしても、その女性タレントはガン無視です。

「これから新幹線に乗るから時間がない」とか、「あなたひとりにしたらみんな寄って来ちゃう」とかならわかりますが、サインを求めているのは少年ひとりで、しかもその女性タレントは新幹線から降りたところ。もしこの少年が鬱陶しいなら、サインを書いたほうがよっぽど早いのに。でも、頑なに無視を続けます。

そのまま、ずっと前一点を見つめて歩いていたため、僕にも気づかず通り過ぎて行ってしまいました。その新幹線には偶然にもチュートリアルの徳井も乗っていて、僕に気づいた徳井が、

「ジュニアさん、今の見ました？　何すか、あれ!?」

「いや、俺もビックリしてん。まるでハリウッド女優やん」

いや本当に、このガン無視は「飼ってたトイプードルを殺したヤツがサインを求めてきた」ぐらいじゃないと辻褄が合いません。

結局、女性タレントは改札を出ていってしまい、その男の子がトボトボと戻ってきました。次の瞬間、僕を見つけると、「すいません、サインいいですか」と来たのです。

「何や、お前サインもらわれへんかったんか?」

「はい……」

「そうか、ほんなら」

と、色紙にその女性タレントの名前を書いてあげたのでした(笑)。

という話を、その3日後の『ざっくりハイタッチ』の収録で喋ったのです。もちろんオンエア上で名前はピー。番組にはジャルジャルの福徳も来ていて、その話を聞いていました。

その翌日、福徳とロッチの中岡くん、バイきんぐの小峠くんと一緒に温泉に行くことになりました。海ほたるのパーキングでお昼ご飯を食べているとき、福徳が、「ジュニアさん、昨日の品川駅での話、凄かったですね」と、振ってきました。なので「そうそう!」と、僕はその場でフルで喋りました。

「俺がそいつの代わりにサイン書いたんや!」

と話し終えても中岡くんと小峠くんは「スン……」とノーリアクション。先輩がフルで喋ってんのに、何やそのリアクション!


……あ、違うわ! と気づいたんです。


というのも、そのサイン事件があった直後に名古屋に行き、そこの番組には中岡くんがいて、「さっきな」とその話をしていたんですよ。そしてその日の夜に、今度は小峠くんと飯を食ってるときに、またその話をしてて。だから全員知ってる話を、僕は気づかずにフルでもう1回やってたんです。

じゃあ、「これは誰が悪いねん」と。一番は、その女性タレント。「次に悪いのは『その話知ってます』と自首してこなかった中岡くんと小峠くんが悪い」と僕は言いました。すると中岡くんが、

「いや僕は、なくなったちゃんぽんをすするという行為で『僕はもう知ってます』っていう態度を表しました。でも小峠はノーリアクション。だから順番でいうと、女性タレント、小峠の順で悪い！」

それを聞いた小峠くんは、

「それは違う！　これが2〜3か月前の話ならわかるけど、この3日で誰に話したか忘れてるアンタが悪い！」

と、僕が悪いと言ってきました。そのまま白熱した議論を続けていると、「でも、一番悪いのはサインを貰いに行った男の子ちゃうんか？」という話にもなり。あいつさえサインを貰いに行かなければ、俺が海ほたるでこんなに大スベリすることはなかったのに（笑）。まあ、この話の登場人物の中で一番悪くないのは徳井ですけどね。

というように、それぞれの善悪があります。

たしかに、先輩が同じ話をするときってあります。そんなときは「あれ、凄いですよね」などと合いの手ひとつで、「僕はこの話、知ってます。でも知らない人もいるでしょうから、続けてください」という意味になります。ですから、「それを怠った小峠くんが悪い」という話に再び戻って。しかし、それに対し小峠くんは、「いや中岡さん、スープすするだけじゃ気づかないですよ。でも、大体なぜ3日間も同じ話を同じメンツにでききんの⁉　ジュニアさん、やっぱアンタが悪い！」「いや、俺はみんなに楽しんでほしかっただけで。最初に福徳が俺に振ってこなければ、こんなことになれへんかったんや！」

温泉前の楽しい海ほたるが、一瞬にして殺伐とした雰囲気に……。

そんなときに「写真撮ってください」と一般の方に言われたのですが、「いや、今はちょっと」

と、思わず断ってしまいました（笑）。

やはりこの世には、それぞれの善悪があります。

71歳

先ほども話しましたが、大阪で『千原ジュニアのシュッとしょ！』という期間限定の番組をやっていました。関西にゆかりのある方をゲストに招くという対談番組で、第1回のゲストが桂文枝師匠、最終回には西川きよし師匠に来ていただいて。

きよし師匠がゲストのとき、「『やすきよ』が一番ドカーンといったのは、いつですか？」と聞いたら「それは、やすしくんが謹慎したあとや」と。復帰の舞台で、まずきよし師匠が先に出て「ほんまにすいませんでした。やっと復帰することができました、横山やすしです。どうぞ！」と呼びこみ、漫才をすれど、どうもウケない。というのも、あの横山やすしですら「謹慎で相方に迷惑をかけた」という思いから遠慮してしまい、全然ウケなかったというのです。そこで「やすしくん、遠慮しながら漫才するのはやめよう」と。そして「前みたいにやられへんのやったら、ボケとツッコミ代わってもいいから」と言い、代えてやったらドカーンとウケたそうなのです。

「そこからや、ジュニアくん。やすきよは4人組になったんや」

ボケの西川きよしにツッコミの西川きよし、ボケの横山やすしにツッコミの横山やすしと、やすきよはカルテットとなり、笑いという笑いを取りまくったそうなのです。

舞台では普段、やすきよがトリなのですが、次の仕事の都合などでトリ前になり、トリを当時の桂三枝（現・桂文枝）師匠が務めるという日もちょいちょいあったそうで。そんなとき、やすきよは持ち時間15分のところを40分やって「三枝に笑いを一滴も残さんとこ」と、爆笑に次ぐ爆笑を取ったとか。するとトリの三枝さんが袴をたくしあげパンイチみたいに登場し、ドカーン！と大爆笑。それを見たやすきよは「くっそー、まだ笑いが残ってたかぁ！」と悔しがったそうです。

また、きよし師匠は、

「僕の肩には、いまだに横山やすしがいるんです」

と仰ってました。ですから、「やすしくん、いいアイデアがあったら頼むな」と言ってから本番に臨むのだそうです。

その3日後、今度は文枝師匠の落語会にゲストで呼んでいただき、舞台で「3日前にきよし師匠にお会いして」と、そのときの話をさせてもらいました。

また、舞台終わりでご飯にも連れて行ってもらい、いろんな話を伺いました。聞けば文枝師匠、71歳にして新作落語を毎月1本作っているそうです。それに加え、地方から「淡路島を題材に」とか「道後温泉を舞台に」という依頼があるため、毎月計2本の落語を作っているのです。

さらに、LINEで落語家さん30人ほどのグループを作り、師匠がお題と回答例を考えた大喜利大会をやっているとか。ちょっと見せてもらったのですが、

お題【この世にいる生き物には、すべて好きな言葉があります。それを教えてください】

という自身が考えたお題に対し、

【ナマケモノ。好きな言葉は、果報は寝て待て】

【オウム。好きな言葉は、好きな言葉は、好きな言葉は……】

という違う切り口の答えを何個か載せられていて、驚きました。

あと、「気になったことをケータイにメモしてる」ということで、パッと見たら、

『フジファブリック』

という文字が。71歳の落語家さんがなんでそれを気になったんでしょう（笑）。いや、凄い話です。

当時から芸人同士で、そういうやり合いばかりしていたと。そんななかから『叩い

てかぶってジャンケンポン』『箱の中身は何でしょう?』『あっちむいてホイ』が生まれたそうです。これらを作ったのは全部、文枝師匠です。

その会話の流れで「きよし師匠も、やり合ってた言うてはりました」と言うと、文枝師匠はボソッとこう仰ったのです。

「そうやなー、けど僕はやすきよには勝たれへんかったな」

僕は「『負けた』ってことも普通に言えはるんや……」と驚き、凄く刺激を受けました。俺なんか、まだ全然頑張ってないなと。

するとその3日後、西川きよし師匠から電話をいただきました。

「文枝くんの舞台で僕の話をしてくれたみたいで、ありがとう!」

「いや、そんなわざわざ……」

「舞台を観たお客さんから、凄く楽しかったというのを聞いて。遅くなりましたが、連絡させてもらいました! ありがとう!」

ほんま、恐縮しきりです(笑)。

「文枝師匠は『やすきよには勝たれへんかった』と仰ってましたよ」

「とんでもございません！　桂文枝という男はどこまで笑いを突き詰めるのかと尊敬してます！」
「文枝師匠とやすし師匠は、同い年だそうですね」
「やすしくんも生きてたら71歳の現役バリバリで……あ！　今日3月18日はやすしくんの誕生日です！　おめでとう！」

いや、俺に「おめでとう」って言われても（笑）。それとも、やすし師匠が乗っかってるほうの肩を見ながら仰ったのでしょうか。なんか、僕のケータイでやすきよと桂三枝が繋がったようで、感激です。

そんな大先輩たちが築き上げた吉本興業にいさせてもらってるわけですから、僕もほんまに頑張らなあかんなって思いました。

ビビット

4月からTBSの『ビビット』というワイドショーで、コメンテーターをやらしてもらうことになりました。朝8時からの生放送なので、本当に人生で一番早い時間帯のレギュラーです。

ありがたい話ですが、芸能人の離婚なんて正直どうでもいいと思ってるタイプですし、朝からこんな顔面を誰も見たくないやろと、一度はお断りしたんです。以前、ワイドショーの話を他局からいただいたときもお断りしたので、今回もそうしようと思ってたんです、生意気ながら。しかし、昔からお世話になってるTBSの方が、「どうしても会いたい」と。この方に直に頼まれたら断れないので「来んといて」と言っていたのですが、ある日、日テレの楽屋にその方が来られて。結果、「やります」となったのです。出ると決めた以上、朝からひとつでも笑いを届けられるよう、頑張っていくつもりです。

ワイドショーは初めての仕事ですし、お伝えするのは時事ネタです。それこそ落語家が枕で「ナッツ姫がね」「大塚家具がね」とやるように、言うたら大喜利のお題みたいなもの。つまり、

【大塚家具が親子ゲンカしていいます。どうすればいいでしょう?】

という時事ネタを大喜利のお題として考えるなら、僕の答えは、

【そんなもん、自分とこのソファに座って、家具が置いてあるリビングでしなはれ】

【かぐや姫とか呼ばれてますけど、親父は「ほんまに宇宙に帰ってくれ」って思ってるでしょうね】

といったところでしょうか。

このように、ワイドショーを新しいお笑い番組と勝手にとらえてやっていこうと思ってるんです。ですから、もしよければご覧いただけたら、と思います。


さて、番組は10時に終わり、次の仕事は早くても13時とか14時で、その間が空きます。そこで、田畑藤本の藤本という東大出身の芸人がいるのですが、彼にＴＢＳに来てもらい、家庭教師ならぬ楽屋内教師を3時間ほどやってもらっているのです。

この間は1回目の授業として、小学6年生の国語・算数・理科のテストを受けました。算数の小数点の問題で「６２７の１００分の1は?」という問いで、どっちにゼロつけるんやったっけ? とか、「何かあったなー、そんなの」という公式に出くわしたり、それがめちゃくちゃ楽しいんですよ。

なかでも、理科の「電池の直列と並列」。電池を直列に置くとパワーが出て、並列に置くと長持ちする、というもの。まったく覚えてませんでしたが、これはコンビを表しているなと。どういうことかというと、直列に置くということは上下ができます。つまり「片方が面白い！」となったとき世間に出るスピードは早くなる。でも実力が拮抗している並列のほうがコンビとして長持ちする、みたいな。

その1時間前の『ビビット』の本番で「Wコロンが解散しましたが、どうですか？」と聞かれました。この授業を1週早くしてれば、ねづっちが先に売れたので直列と並列の例えを言えたのに(笑)。ですからこの先、僕の例えがちょいちょい「墾田永年私財法か！」とか、「ABCD包囲網か！」とかになってるかもしれません。

コンビの例えで言うと、「コンビとは互いにうんていをやり合っているようなもの」とも言えます。どちらかが先に行き、何本飛ばしていくかわかりませんが、後ろの手が相方よりひとつでも前に行くことで、コンビという母体が前進します。

ウチでいうと今、せいじのほうが前に出てる感じがするので、次は僕がそれより前に行かないと千原兄弟というコンビに前進はありません。そのために頑張らないとあかんし、『ビビット』が前進できる番組のひとつになればいいいと思っています。

ひっぱりダコ

ふと便所で思ったんですよ。多方面からお声がかかることを、ひっぱりダコといいます。足が８本もありますから。しかし、もっとひっぱりダコ感を出すなら、足が10本ある、ひっぱりイカのほうがいいんじゃないかと思うんです。レギュラー番組だって、８本と10本じゃ全然違います。それにタコは「このタコ！」とか悪い意味で使われますから、そういう意味でもやはり、ひっぱりイカのほうがいいはずです。

……こんなことばっかり言ってるから、僕はひっぱりダコになれないんですよ（笑）。

七分袖ってあります。それを基準とするなら、半袖は全然半袖じゃありません。半袖は五分袖という意味ですから、厳密にはひじまでないとダメなはずです。ですから今ある半袖は、二分袖ということになります。

僕は、今ある呼び名なんて信じてませんから。半袖は二分袖、ゼロ分袖がノースリーブ、０・７分袖がタンクトップです。

僕はこの春、十分袖のジャケットの中に二分袖のシャツ、そして四分丈のパンツを合わせて涼しげにしようかなと思っています。髪は七三に分け、十三や九十九里浜や四万十川を、闊歩したりしたいと思います（笑）。

M

G

M

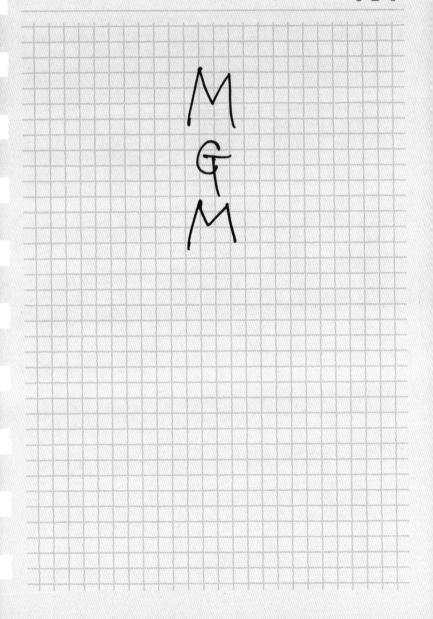

ご存じのとおり、メイウェザーvsパッキャオという世界が待ち望んだ世紀の一戦が行われました。しかし、やるとなったら「もうふたりとも下り坂でしょ？　全盛期に観たかった」とか言い出すヤツがいるんですよ。じゃあ観るなと。いろんなことを経て今、実現したんですから、やはり今なんですよ。文句を言って試合を観ないならまだわかります。でも、こういう人たちは絶対観るんですよ。これって、セックスするくせに「5年前のキミを抱きたかった」と言ってるのと一緒です。失礼な話ですよ。どうせ、ブラ外すくせにね（笑）。

それはさておき、この世紀の一戦が行われる会場となるMGMのキャパが1万6500席ほど。これを世界中で獲り合うわけです。僕も、これはどうしても観たいといろいろ手を回し、何とかチケットを1枚入手。物凄い金額でした。

ラスベガスへ行くのは人生で2回目。20年ほど前、大阪時代に関西弁バリバリのアメリカ人・ジョーという友達がいて、そいつがロスに帰るというので、ついて行ったことがありました。そのときラスベガスに寄ると、MGM前にタイソンvsホリフィールド戦のでかい看板があり「これ凄ぇなあ。観たいなあ」と思ったものでした。

そして今回、巡り巡ってそのMGMに行くことになったのです。チケットは1枚しかありませんから、当然ひとり旅。人生初です。何を緊張してんねんという話ですが、成田空港に出発の2時間半も前に着いてしまいました（笑）。ラウンジでひとりお酒を飲んでいると、年配の女性から「大ファンなの〜」と声をかけられ、一緒に写真を撮りました。旅のいい幕開けです。

機内に乗り込むと、ラウンジでのお酒が回ってしまい、座席横のコンセントでケータイを充電したまま、離陸前に寝てしまいました。起きてみると……ケータイがないのです。どこを捜してもない。ケータイなしでのひとり旅はムリや！　と不安でいっぱいになり、機内食も味がしません。サンフランシスコに着いても出てこず、「機内から出ていってくれ」と。全員降りてからシートをめくって捜すというのです。「万が一出てこなかったらここに電話ください」と電話番号を渡されたのですが、いや電話できないんですけど……。

仕方なく入国審査の列へ。もうすぐ僕の番というところで肩を叩かれ、振り返ると黒人の整備士さんで、手には僕のケータイが。旅の高揚感からか嬉しさからか、思いきりハグしてしまいました（笑）。

そこから乗り継いでベガスに行くと、ジョーが出迎えに。ＭＧＭまで送ってくれました。

僕の席は、リングから数えると真ん中ぐらいの列。世紀の一戦ですから、アンダーカードからとにかく凄くて、スーパーバンタム級でも強豪中の強豪、あのレオ・サンタクルスや、北京五輪・ロンドン五輪金メダリスト、ロマチェンコが目の前で試合してるわけですよ。

しかし、場内はクーラーでむちゃくちゃ寒くて。僕はジャージ生地のジャケットのセットアップを着ていて、「砂漠の真ん中でこれは暑いかな?」と思ってたんですが、それでも寒い。くしゃみしすぎて何人に「ブレスユー」って言われたか。あんだけ「ブレスユー」を言われることはなかなかありませんよ。

メインの試合開始を待っていると、場内で何やらオーラが動いています。何や?と思ったら、タイソンです。ＭＧＭ前で看板を見上げてから20年。くしくも同じＭＧＭでタイソンと同じ時間を共有することになるとは。すると「タイソンや!」と人が集まってきました。そのなかにポップコーンを持ってる人がいたのですが、タイソンはそのポップコーンに手をのばし食べ始めたんです。人のポップコーンですよ？ MGMで、人のポップコーンと人の耳を食べたことあるのはタイソンだけでしょう（笑）。スクリーンにはクリント・イーストウッドやロバート・デ・ニーロなどセレブが映し出されています。双眼鏡でリングサイドを覗くと、4列目ぐらいに『Going！』で来ていたくりぃむしちゅーの上田くん、隣には帝拳ジムの本田会長の姿が。

このリングまでの距離の差が、今のお笑い界での距離なんやなあと思いましたね。これはほんまに頑張らなあかん、ボクサー応援してる場合ちゃうわ、って。

さて、結果はメイウェザーの勝利。「マネー」というニックネームを持つメイウェザーと、「マニー」と呼ばれるマニー・パッキャオ。場内では「マネー」「マニー」と声援が入り乱れて、誰が誰を応援してるのかよくわかりませんでした。

試合後、外に出ようとするも出口がどこかわからず、困っていると「ジュニアくん！」という日本語が。振り返ると2〜3人組の日本人の方がいました。

「せいじにTシャツを買ってこいって頼まれててさ！」

なんでここでせいじの連れに会うねん！　しかしその方たちに出口を教えてもらい、外に。そのあと、ジョーとポーカーをやりに行ったのですが、テーブルがパッキャオとメイウェザーの写真を模した特別仕様となっていました。もちろんメイウェザーのほうに座ったのですが、ボロ負け。勝敗のついたものをテーブルのパッドにするのは、いかがなものかと思いましたね（笑）。

楽しい旅を終え、帰国の途へ。ＭＧＭの会場には本当にたくさんのセレブがいましたが、一緒に写真を撮ることはできません。でも唯一、この旅行中にセレブと写真を撮ることができたんです。それは行きの成田空港のラウンジで「大ファンなの～」と声をかけていただいた女性、実はＡＰＡホテルの社長さんだったのです。向こうはＭＧＭか知らんけど、こっちはＡＰＡです（笑）。

そして帰国すると、こんなニュースが。

【メイウェザーvsパッキャオ、来年再戦へ】

早いわ！　どないやねん！

421

安全第八

今、ネットニュースというものが氾濫しています。こないだまで大阪ローカルのラジオをやっていたのですが、東京在住の方から「あんなこと言って大丈夫？」と言われ、「なんでそんなこと知ってんの？」と聞くと、ネットニュースで知ったと言うのです。もうこの世にローカルなんてありません。今や放送されたものは、ＹｏｕＴｕｂｅなどで世界中から観ることができます。

どうでもいいことや信憑性の薄いものまでネットニュースになりますが、何が怖いって、「こんなもんウソばっかりやんけ」というものまで全部がホンマに見えることです。今までだったらその雑誌のレベルや空気感で、「これはガセや」というのがわかったものです。しかしネットニュースは全部が同じ字体、しかもまったく匂いのしないメディア。これはなかなか怖いことです。だから、信憑性の薄いニュースは文字を小さくするとか、逆に「これはマジですよ」というものはゴシック体で文字を大きくするとか、そうやって書かなければいけないという決まりをつくるのはどうでしょう。

また、そうやってネットニュースになるということで、こちらが発言にブレーキをかけるようなことがありますが、それはよろしくないと思います。

僕の6番目ぐらいの座右の銘に、『安全第八』というのがあります。

笑いの作り方やいろんなことに対し、安全なんてそんなもんは後回しやと。やはりどこかで安全第一というか、置きにいってしまう自分もいます。しかしそこを、思いっきりスベるかもわからんけど、フルスイングでいかないとダメだと思うんです。

お正月に『新春TV放談』という番組をNHKで毎年やっていて。最後に「今年のテレビに期待することは?」というのを出演者全員がフリップに書くのですが、僕は今年、

【きっかけはフジテレビ】

と書いて出しました。そして、「僕はフジテレビを観て育ってきて、いつかはフジテレビに出たいと思ってましたし。やっぱりフジテレビが元気じゃないと楽しくないというか。フジテレビには守りに入らんと、フルスイングしてもらいたい」みたいなことを僭越ながら言わせてもらって。

するとそれを観てくださったフジテレビの偉い方数名が、わざわざ僕の楽屋を訪れ、「ありがとうございます」と言ってくださったのです。「いえ、生意気言ってすいませ

ん」と恐縮しきりでした。

そしてその流れで「千原ジュニアで番組やるぞ」となり、タイトルは『フルスイング』。先日オンエアされ、ご好評いただいたみたいです。

すべらない安全性より、「それよりも俺はこっちのほうが面白いと思う」「やりたいんだ！」という衝動性を大事にしないとダメなんですよ。

そしてそちらを選択すれば、やはり緊張します。しかし、やる側が緊張しないものを、観る側は感動しないと思うのです。

そういう思いは、いつまでも大切にしていきたいですね。

ヒザ

僕の誕生日は3月30日なのですが、なぜか誕生日前後にケガをすることが多いんです。小さいとき、高校生の乗ったバイクと僕の乗った自転車が正面衝突し、人生初めての救急車。それが4月頭。以来、さまざまなケガや骨折を経験し、バイク事故に遭ったのも3月の末でした。

そして、今年の4月22日、右ヒザの靭帯を損傷したんですよ。朝起きたらヒザに血が溜まりパンパンに腫れてて、ヒザ小僧が和尚になってました。ヒザ和尚が左の小僧の横でにらみを利かせてましたわ（笑）。すぐさま病院に行き、溜まった血を抜いてもらって。

なぜそんなことになったかというと、『ざっくりハイタッチ』の収録でのこと。以前、番組で僕が再びバイクに乗るという企画をやり、その流れで僕がバイクを買わされ、またフット後藤もハーレーを買わされるというのをやりました。

そして今回の収録は、後藤が「多忙のため乗られへんからハーレーを売る」というので、「バイクとの最後の思い出をつくろう」とサーキット場でバイク大喜利やいろんなことをやり、最終的にバイク王に来てもらって査定してもらうというもの。

収録は進み、最後に「じゃあお前のバイク愛を確かめるために」とやったのが〝バイクPK〟。これは、僕ら番組メンバーが後藤のハーレーめがけてサッカーボールを蹴っていき、キーパー役の後藤がそれを阻止するというもの。

しかしみんなサッカーが下手なので、ボールが全然バイクに当たりません。見かねた後藤が「当てろや！」と怒り、自分のバイクに自らボールをぶつけるという流れになって。

僕はただ止まっているボールを蹴っただけなのですが、このとき靭帯を損傷してしまったのです。バイクを傷つけるどころか、自分のヒザが壊れてしまいました。サッカーボールを蹴ってヒザを壊すようになったら、もう一人前のプロです。ただのサッカー選手です。

俺もついにここまで来ました（笑）。

決断力

すべては決断力です。大げさにいえば、この世で生き続けるということは、決断し続けるということ。布団から出るという決断、シャワーを浴びるという決断、玄関のドアを開けるという決断。

これはメイウェザーvsパッキャオを観にラスベガスへ行くちょっと前の出来事です。ある休みの日に、番組のスタッフさんらと前説担当である後輩の中本、福岡出身で地元に詳しいシモニィと、福岡に1泊旅行する予定になってました。その後、その日に高知でロケが入ってしまったのですが、ロケは夕方で終わり。ですから、仕事終わりで高知から福岡に行くという決断をしました。

さて、高知発福岡着の飛行機は15時までは数便あるのですが、それ以降は20時までありません。ロケが終わるのが16時ごろ。そこからいったん羽田に戻って福岡に飛んでもいいのですが、それでは意味がない。高知で時間を潰し、そこから福岡に行くという決断をしました。

高知―福岡間は利用客が少ないのでしょう、めちゃくちゃ小さいプロペラ機でした。乗客はCAさんも含め7人。これ、オデッセイでもええやん！（笑）

福岡に着きスタッフさんらとも合流し、お店へ。4軒ほどの小さなお店が向かい合う路地のどんつきに、僕らが行くお店があります。その和食屋に入ると、ひとりの女性が店に入って来て、

「J⁉　J⁉　なんでここに！」

と叫んでいます。するとお店の人が「すいません、お食事中なので」とその女性を外に出したのですが、当然僕の知らない人です。きっと店に入る僕を見つけ、入ってきたのでしょう。

食事を終え外に出ると、その女性が待っていました。聞けば、この路地でバーをやってる方で、手にはこの連載の単行本や僕が昔書いた小説まであります。

「めちゃくちゃファンやねん！　サインしてー！」

もちろんサインさせていただきました。僕は横にいた中本に、タクシーを止めてくれるよう頼むと、

「え⁉　中本？　ツーナッカンの、あの中本――⁉」

僕がこの連載やトーク番組で中本の話をよくするので、超有名人を見るかのように喜んでいます。

「中本ってこんな顔してるんやー！　中本、一緒に写真撮ってー!!」

僕の人気をゆうに超えていました（笑）。

その晩は散々飲んで食べて、夜中にはシメのラーメンまで食べて。

翌日は、入院中の王監督が病院を抜け出し食べに来たというパスタ屋『らるきい』で、6種類のパスタをみんなで分け分けして食べて。

お腹いっぱいになり飛行機で帰京です。羽田に着き席を立つと、後ろからダダダダダ！という足音が。振り返ると、顔面蒼白の中本がケツを押さえながら走り去っていき、空港内の一番近い便所に駆け込んでいきました。僕とシモニィはタクシー乗り場に。中本に「もう行くで」と電話すると、

「すいません、もう手遅れでした。いまパンツ洗ってます」

仕方なくシモニィとふたりでタクシーへ。すると5分ほど走ったころ、腹がグルグルグル～ってきたんです。昨晩からの和食、とんこつラーメン、6種類のパスタ、これらが相まってお腹を襲ってきます。

「これはマジでヤバイ！　量的にもかなりのやつや！　ここでイッたら新聞沙汰や!!」

自宅まであと25分、絶対に持ちません。そこで「あ、そうや！」と思いついたので

す。大井を左に行けば自宅、右に行けばレインボーブリッジ。右に行けば自宅まではかなりの遠回りですが、レインボーブリッジにはパーキングがあり、時間も15分で着きます。

「運転手さん、レインボーブリッジ行ってください！」

「えっ⁉」

「ちょっとヤバイんで、お願いします‼」

レインボーブリッジのパーキングに着くと、手前に便所があって奥に駐車場があります。運転手さんは便所に急行し、車が止まるか止まらないかのところでドアを開け、最短コースをつくってくれました。そこから走って走って、もうほんまギリッギリで助かりました。そして、どえらい量でした。もうギリッギリで便器に収まったほどでした。本当に、レインボーブリッジに8色目を塗るところでしたよ（笑）。

車に戻って運転手さんにお礼を言い、自宅へ。マンションの前で降りようとしたときです。

「ラスベガス、楽しんできてくださいね」

その運転手さんは、『にけつッ!!』やラジオもチェックしてくれているという、僕のファンの方だったのです。「だからか!」と僕は合点がいきました。

僕が便所に間に合わず何回もフルでいってもうてるのを知ってるから、車が止まるか止まらないかでドアを開けてくれたのです。

まさに、運転手さんの素晴らしい決断力です。

そして、自宅まで戻ることを考えてたら確実にアウト、新聞沙汰です。そこを、遠回りしてもレインボーブリッジに行くという、僕の決断力。

一方の中本は、空港内の便所が一番近いトイレと決断したのでしょうが、それは違います。一番近いのは、機内の便所です。そこなら間に合ったはずです。

今後一切、ケツ断力を間違えたくはないですね(笑)。

Q

&

J

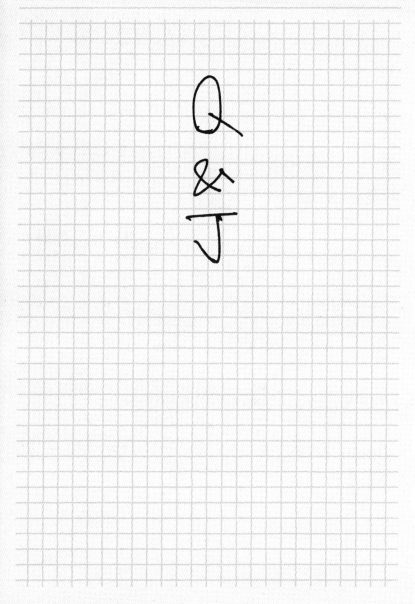

千原兄弟というのは2人組で始まりました。しかしデビューして2~3年後、2年下のヤツが芸人をやめてバイト暮らしをしていたため「俺らがライブとかするときに手伝ってくれ」と誘ったのがきっかけで、そいつは放送作家に。そこから千原兄弟は3人兄弟となりました。すると今度は、僕らのライブを毎回観に来ているヤツがいて、アンケートに「いつか一緒にライブのお手伝いをできるようになりたい」と書いてありました。そいつは渋谷公園通り劇場の作家募集で入ってきて、僕らにつくことに。そんなこんなで作家はさらに増え、今や千原兄弟は7人兄弟になり、いろいろと手伝ってもらっています。

さて、長男であるせいじをのぞく6人で、『Q&J』というグループLINEを1か月ほど前から始めました。これは作家陣5人が思ったこと、感じたことを送ってきて、それに対し僕が返すというもの。今回はその一部を披露させていただきます。

作家A【うま煮というネーミングは抜けがけだと思います。煮物にかぎらず、全部うまくなるように料理されてるのに、自分だけうまいを名乗るのはルール違反ではないでしょうか?】

ジュニア【新体操というネーミングは、体操の域を超えすぎていると思います】

このグループLINE、僕が返信するまで次の投稿はできないルールなので、すぐに返信しないと全体がストップしてしまうんですよ。多いときは1日4～5件くるので、結構大変です。

作家B【競歩大会あるある、ゴールしたあとに走り出してしまう。走ることを体が我慢していたため、ゴールしたあとに本能で数百m走り出してしまうらしいです】

ジュニア【俺も東京女子医大を退院後、ボケたおしました】

作家C【何か滑稽に見えてしまうもの。表参道にて、レクサスを煽るタント】

ジュニア【「地球を守ろう」とか言うてる人間】

作家D【西新井大師のだるま供養、願いが叶わず片目だけのだるまが焼かれています。どんな願いが叶わなかったのか聞いてみたい】

ジュニア【西とかいうてるから、東側の目が入らへんのちゃうか】

作家E【トイレの個室に入っているとき、小便器のほうに誰か入ってきました。気にせず用を足していると、小便器のほうから「プッ」と屁をこく音が。すると自分も無意識に屁をこいてしまい、小便器の人に返事をした感じになり、恥ずかしかったです】

ジュニア【コミュニ屁ーション】

作家A【昨日行ったお店のメニューで、〝ジャンボ冷奴（小）〟というのがありました。それ、普通の冷奴です】

ジュニア【鬼奴（大）　結婚おめでとう】

大喜利だけではなくこういった身辺雑記的な投稿もあり、それにも返さなくてはいけません。

作家B【「お花が大好きなんです」と笑顔で接客の花屋さん。しかし本当に花が好きなら、花を土から引き抜き、枝を切り刻み、人に売りつける。そんなことはしないはず。本当に花が好きなら、花屋の花を買い占め、それらを土に還してあげるはず。花屋は信用できません】

ジュニア【女好きは、女を不幸にする】

作家C【『新婚さんいらっしゃい』が漫画化されるそうです。出演した夫婦をモデルにした、読み切り形式だそうです】

ジュニア【『新婚さんいらっしゃい・ザ・ムービー』来春クランク姻】

作家D【街中で黒いマスクをしている人・・・苦手です】

ジュニア【街中でお笑いのチケット売る人・・・若手です】

作家E【後ろを歩いている女性が『あいつチャラいから本当に嫌』と何度も言っていたのですが、友達が『何がそんなにチャラいの?』と聞くと女性は『だってチョッキ着てるんだよ』と答えました。チャラいの基準は人それぞれなんだと思いました】

ジュニア【壁ドンはチャラい。顎クイもチャラい。顎ドンはチャラくない。こないだの三浦チャンピオンの左の顎ドンはすごかったな】

作家A【イマジカの近くに汚い蕎麦屋があり、イマジカからの出前を一手に引き受けていました。大手デリバリーチェーン店が参入してきても、量とメインメニューを増やし、営業時間も延長して対応。よほど儲かったのか店の改装はせず、ポルシェを乗り回していました。しかし、局の経費削減で出前が取れなくなり、売り上げが激減。ポルシェの売却を考えているそうです】

ジュニア【乗車必衰】

たまに、写真ネタに対し写真で返すこともあります。

作家B【この猫、階段を降りてる？　登ってる？　という画像がネットで話題になっているそうです】

この画像（右下の写真）が添付され、送られてきました。
僕は左の写真を添付し、こう返信しました。

ジュニア【この画像、笑ってる？　怒ってる？　このどうでもいい画像、ネットで話題にならへんかな？】

このグループＬＩＮＥ『Ｑ＆Ｊ』のやり取りを、いつかなんらかの形にしてみなさんにお届けしようと思っています。

オーディオ

スペースシャワーTVで音楽番組をやっているのですが、オーディオマニアの方にオーディオを教えてもらったり、またある回ではジャズを勉強したりと、いろいろなことをやらせてもらってます。それで「ジャズもええな。聴いてみたいな」と言っていたら、番組を一緒にやってる音楽プロデューサーの蔦谷好位置さんが、僕の誕生日にジャズのなかでも名盤といわれる5枚のレコードをプレゼントしてくれたのです。ありがたく頂戴したのですが、僕はレコードプレイヤーを持っていません。ですから「プレイヤー買おうかな」とポロッと言ったら、蔦谷さんが「レコードマニアの田中さんという方がいるので、聞いてみます?」と。お願いしてみると、田中さんから「プレイヤーはあれがいい」「スピーカーはこんなのがいい」「アンプはあれがいい」と、ありがたいことにガンガン連絡が来るんですよ。しまいには「1960年代のスピーカーが出てきました!」とか。

もうね、トトトン拍子ですよ。トントン拍子なんて遅い遅い、それより早いトトトン拍子で話が進んで(笑)。

1960年代のアメリカ製のスピーカーは同じ品でも、左右でシリアルナンバーが502番と1008番、みたいなことがよくあったそうです。しかし田中さんが見つけてくれたのは183番と184番という連番で、LRが生粋の夫婦だったのです。

結局そのセットを買ったのですが、これだけではレコードしか聴けませんから「CDプレイヤーもいるやん」ってなって。すると田中さんから「ラックスマンというメーカー製で真空管のやつがいい」とまた連絡が来て。で、それを買うと今度は、レコードプレイヤー、アンプ、CDプレイヤーを置く棚がいります。これは蔦谷さんの知り合いの塗装屋さんに実際に測ってもらい、なぜか蔦谷さんが図面まで描いてくれて。そしてレコードプレイヤーを置く棚を作ったら、スピーカーの位置が少し低くなってしまったので、今度はスピーカーを高く置くための棚がいるようになって（笑）。

そんなこんなでオーディオセットが完成したのですが、何か緊張して落ち着きません（笑）。普通、音楽ってリラックスするためのものだったはずです。実際に聴くと、リズム感もなく音感の悪い僕でも素晴らしい音だということがわかりました。例えば、バスドラのドン！という音も「カチャ、ドン！」とペダルをキックする音まで聴こえるのです。これで落語を聴いたら、羽織を脱ぐ音まで聴こえるかもしれません。

マイルス・デイヴィスが僕の鼻の前ギリギリでラッパを吹き、ジョン・コルトレーンが鼻の前ギリギリでサックスを吹いています。そりゃ落ち着かないはずです（笑）。

年齢

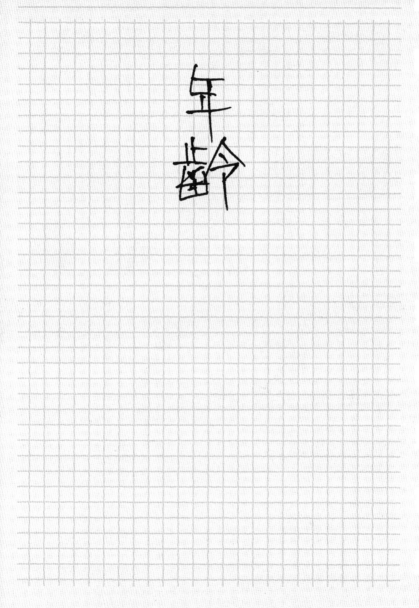

歳を取ることはネガティブにいわれがちです。でも僕は、若さなんて恥ずかしいだけだと思います。青春とか汗とか涙とか、何か気持ち悪いです。

僕は20歳のときより30歳のときがよかったですし、30歳のときより40歳の今がいいと思ってます。これは嘘でも無理をしてるでもなく、本気でそう言えるんです。ですからそれをいつまで言い続けられるのか、ということだと思いますね。

「あのときは良かった」なんてクソくらえです。

また、すべての現役年齢というか選手寿命が延びてきています。具志堅用高さんが13度の防衛を果たして引退したのが26歳。しかし現在の日本のチャンピオンはほとんどが30代で、メイウェザーに至っては38歳です。

さんまさんが、「♪今年で30、知っとるけのけ」と歌ったのも、「もう30歳なのに、まだこんなアホなことをやらされてんねんぞ」という意味でした。しかし今では、40代でもあんなことをやらせてもらってる芸人はいません。ひな壇も40代だらけです。

さて、歳を重ねるごとに出てくる〝ほうれい線〟。これ、漢字で表すと豊かで麗しい線と書いて〝豊麗線〟なのです。体の部分を表す漢字で、こんな美しい言葉はありません。しかし化粧品のＣＭなどではわざと平仮名で〝ほうれい線〟と表記し、とても〝悪〟のように扱われています。なんでそんなこと言うのでしょうか。

豊麗線は、人間が引ける線のなかで一番美しい線です。

今思いつきましたが、これはなかなか名言です（笑）。

ＣＭといえば、倉科カナさんがやられてる日焼け止めのＣＭ。倉科さんは旅行にいくため荷物をカバンに詰め込み、友達はその様子をビデオカメラに収めています。

倉科さん「日焼け止め、忘れた」

友達「いいじゃん、私の使えば」

倉科さん「ダメだよ‼　肌の焼き方は人によって違うんだから‼」

貸してくれるっていう友達に、強めに「ダメだよ‼」って、そんな言い方ある⁉

僕が友達からこんなこと言われたら、そいつと旅行いくの絶対やめますね（笑）。

プレゼント

人からはいろいろもらうくせに、旅行先でお土産を一切買わなかったりと、僕は人にプレゼントする習慣がありません。というのも、「こんなんもらってもしゃあないやろ」とか思ってしまうからです。でもプレゼントとは本来そんなことではなく、旅行にいった際、その人のことを思い出してお土産を買う。その「旅先でその人のことを考えた」という行為や時間がプレゼントというものです。

ある日家に帰ると、マンションの受付のお姉さんが「お荷物が届いてます」と。見ると、段ボールのなかに『カタン』というボードゲームと、「千原夕です。今度一緒にやろな」という手紙が入ってました。

みなさんに聞きますが、小さいとき親戚のおっさんに誕生日のプレゼントを渡したことあります？　もっと言えば、親戚のおっさんの誕生日を知ってますか？　そこなんですよ、ウチの夕が他の甥っ子と違うとこは（笑）。

もともとせいじから始まり、今田さん宮迫さん、僕にコバに大輔など同じ美容師さんが芸人70人ほどの髪を切っているんです。夕もその人に切ってもらっているのですが、僕と髪型が一緒なんですよ。

みなさんに聞きますけど、親戚のおっさんと同じ髪型にしたことあります？　僕がハゲたら、タもハゲたカットにするわけで。そこなんですよ、ウチのタが他の甥っ子と違うところは（笑）。

幼いタでもプレゼントをくれるのですから、40歳を過ぎた僕が照れてる場合ではありません。ですからこういうことを始めてみました。日刊スポーツの芸能欄の一番左に「その日が誕生日の芸能人の名前」が書いてあるんですが、そこに僕が連絡先を知ってる人が載ってたら、照れずに〝おめでとうメール〟を送るようにしたんです。やはり、照れてるだけでは何も伝わらないですから。

さて、プレゼントといえばこんな話が。いろんな事業に手を出すもどれもうまくいかない男がいました。奥さんにも苦労をかけ、奥さんの白髪が増え始めて。それを見て「白髪染めの会社を作ろう」と思いたち設立。最初の商品は奥さんにプレゼントしたいという思いから、会社名はｆｏｒ ｙｏｕにかけ『ホーユー』に。

そしてついに、白髪染めの商品が完成。「今まで散々苦労をかけてきたが、出会ったときのようにいつまでも若々しくいてほしい」という願いを込め、商品名は奥さんの旧姓である江口という漢字をバラしてカタカナにした『シエロ』としたそうです。

という、さっき考えたウソ話をみなさんにプレゼントします（笑）。

祝賀の章

サウナ

ホフディランのワタナベイビーさんからいただいた、30年前からのボクシングマガジン10年分。これを風呂に浸かりながら読むんですが、2冊でちょうど1時間ぐらいなんですよ。

ある日、仕事が19時に終わる予定だったのが、16時すぎに終わったということがありました。飯屋もまだ閉まってる時間ですから、とりあえず18時に予約し後輩と行くことに。それまですることがないので一旦家へ帰り、ボクシングマガジンを3冊読み、1時間半かけてゆっくり風呂に入りました。

さて、18時から後輩とサシで飯を食べ始めて「ふたりもアレやしなー、どうする?」となったのが、20時前くらい。そこからいろんな後輩に電話をかけるも、「21時半から行けます」とか「22時なら行けます」といった返事ばかり。しかし、そこまでまだ1時間半あります。それで「銭湯でも行く?」という話になりました。時間つぶしのためによく後輩と銭湯に行くので、夕方に1時間半入ったことも忘れていつものように中目黒の銭湯へ。

そこのサウナに入ると、テレビで『イッテQ』が流れていて。「出川さんがニューヨークではじめてのおつかい」という企画がめちゃくちゃ面白くて、サウナから出れなくなったんですよ。かれこれ30分ほど経ったころようやくそのコーナーが終わり、「もうアカン！」と水風呂に急ぎました。のどもカラッカラなので水を買って飲むと、なぜかウンコがしたくなりました。トイレに行くとウンコがぶわ〜っと出たのですが、上からも飲んだ水を全部吐き出してしまい、そのまま動けなくなってしまったのです。その間、40分ほどでしょうか。心配した後輩がトイレの外から「大丈夫ですか⁉」と声をかけてきます。どうやら1日2度の長風呂とサウナがいけなかったらしく、極度の脱水状態に陥ってしまったのです。

マジで出川哲朗に殺されかけたわ！　こっちが「ヤバイよ、ヤバイよ」です（笑）。

その後、21時半ごろに近所のバーに行ったのですが、脱水症状の影響で全身がつりまくるんですよ。ですからとにかく水を飲もうと、バーでお酒も頼まず、水を6ℓくらい飲みました。そしたら、たまたま〝その日〟だったんです。お店の人が、「東京マラソンですか？」って。

僕はもちろん、「そうなんですよ」と答えておきました（笑）。

「あげてこーにじ

先日、テレビ局のスタッフさんらとの食事会に呼ばれたので、後輩のタケトやシモニィとともに参加しました。そこには20代後半の女の子数人も参加しており、みんなで楽しく飲んでいました。するとそのなかのひとりが、やたらこう言うんです。

「あげてこー!!」

このリズムやトーン、なんか合コンぽくて妙に懐かしいなあと。

「ジュニアさん、もっとあげてこー!!」

突然、その子は僕に一気を強要してきたのです。この感じもほんま懐かしいなあと思いながら、「いや、それぞれ自分のペースであげてこ」とやんわり返すも、

「もうそんなのいいから、あげてこー!!」

その子はえらいペースで飲んでいました。しばらくしてお開きとなったら「あれ？あの子がいない」と。そう、「あげてこー!!」の子がいないのです。聞けば、トイレのなかで酔いつぶれてしまったそうで、その感じも久しぶりです（笑）。

店員さんに鍵を開けてもらい担いで外に出しても、道端でバターンと寝てしまう始末。そのため、ほかにいた4人ほどの女の子らに「この子を、今日誰か泊めてあげたら」と言ったのですが、

「いや、私の家ムリだから」

「私、潔癖症なんでムリ」

と、全員がムリと断ってきたのです。何なんでしょう、この女性たちの薄情さ加減は（笑）。すると、お酒が飲めないので車で来ていたタケトが「会話のなかで〝ニコタマ〟って何度か言ってたので、俺が二子玉川まで送って行きますよ」と言ったのです。2～3時間前に会ったばかりの、いうたら名前も知らないような子を送って行くなんて、コイツどんだけ優しいのでしょう。

その子を助手席に乗せ、タケトが車を出そうとした瞬間でした。

「ヴゥワ～～～ッッ！！！」

と、その子が車内でブチまけたのです。

「あげてこー!!」ってそっちの意味かい！（※編集部注：「あげる」は関西弁で「嘔吐する」の意味）

車から急いで降りてきたタケトは、すでに深夜12時をまわった住宅街ですから大声を出すわけにもいかず僕の耳元で、

「今日、車内清掃したとこなんすよ！　今日、車内清掃したとこなんすよ！」
と小さな声で訴えていました。結局、吐いてすっきりしたのか目を覚ました女の子は、ほかの子と一緒にタクシーで帰宅。

翌日、タケトのもとにその子から、
【記憶にないのですが、迷惑かけてしまったみたいで、すいませんでした】
とメールが来たそうです。これに対し、
【大丈夫、大丈夫。今度ランチでもおごってよ！】
と返信。これが晩飯だとマジで誘ってるように思われてしまうので、「ランチでも」と送ったタケト。もちろん、本気でおごってもらうつもりなどありません。
すると……、いまだにその子から一切返信がないそうです。
全然あがらない、ただのさがる話でした（笑）。

よもやま

マネージャーの大谷が、言いながらやりよるんですよ。

今、名古屋で『よもやま』という番組をやらせてもらっています。これは東国原英夫さんや草野仁さんといったいわゆる団塊の世代の方が毎月ひとりゲストに来られ、時事について一緒に喋るというもの。このご時世に畳にちゃぶ台、視聴者からの意見はファクスで募集と凄く昭和的で、大好きな番組なんですよ。

これが深夜12時40分から1時40分までの生放送なんですが、ある日大谷がこう言ってきました。

「今度の『よもやま』終わりで、名古屋の新聞社の取材が15分ほど入ります」

それを聞いて僕は、

「いや、最終で名古屋に行っても本番まで時間あんねんから、夜中の1時40分からじゃなく、収録前に取材できへんの？　そのほうが記者さんもええやろ」

と言いました。すると、

「そうなんです！　私も、『よもやま』終わりの取材じゃなく、収録前に取材したほうがいいと思ったんで、新聞社さんに聞いてみます！」

お前、なに言いながらやってんねん！（笑）

そこの返しは「そこしかムリだったんです」か、「本当ですね。聞いてみます」のどっちかです。めちゃくちゃ言いながら、やりよるんですよ（笑）。

前十字靭帯を損傷したとき、患部をMRIで撮ったものを病院がDVDに焼いてくれたんです。僕は、セカンドオピニオンではないですけど別の専門医にこのDVDを見てもらい、「この状況なら手術したほうがいいのか、手術せずにかばいながら生活したほうがいいのか聞いてきてくれ」と大谷に頼みました。すると、
「いや、そのMRIのDVDを別のヒザに強いお医者さんのところに持って行って。手術したほうがいいのか、しないほうがいいのかっていうのを……聞いてきます！」

いやだから、最初からそれを言うとるやろ！　なんやそれ！
なんでコピペして、俺のを削除して、その上に貼りつけんねん（笑）。

コーラ

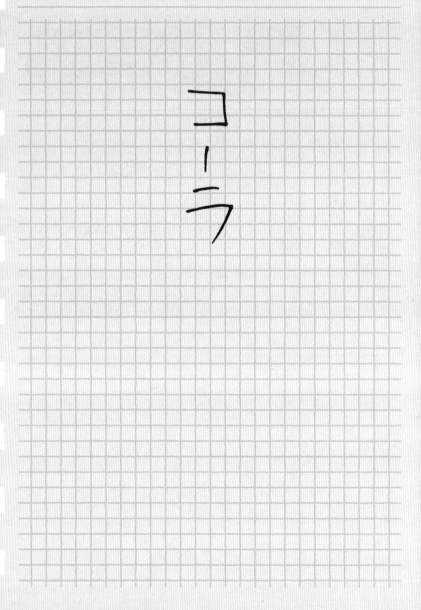

後輩の中本が「兄さん、ちょっと聞いてください。相談があるんですけど」と、こんな話をしてきました。

ある日、自分のｉＰｈｏｎｅに曲を入れたくなった中本。しかし、モバイル機器にとにかく疎い中本は、奥さんが使っているパソコンに同期してしまったというのです。僕も疎いですが、これぐらいはわかります。

こんなもんね、ただのデジタル自殺未遂です（笑）。

同期をすれば、ケータイの全情報がパソコンに行ってしまうんですから。ちょうどそのころ、〝マユミ〟という名前の女とごちょごちょ大人のやり取りをしていたという中本。同期した日にバイト先でその話をすると、後輩から「それ大丈夫ですか⁉」と言われたそうです。

不安にかられながら帰宅した中本。奥さんは毎日コーラを飲むそうなのですが、いまコカ・コーラは名前の入ったネームボトルというのをやっています。帰宅し、奥さんの飲んでいるコーラのネームボトルを見ると、〝ＭＡＹＵＭＩ〟と書いてあり……。

「え⁉　ええっ⁉　いや、これは偶然や！　絶対に偶然や！」

もちろん奥さんに聞くこともできず、翌日またバイトに行き帰ってくると、奥さんはまたコーラを飲んでいます。見ると、また〝MAYUMI〟……。

「2日連続⁉　いやいやいや、これはどういうことやねん‼」

そして3日目。またバイトに行き帰ってくると、3本の〝MAYUMI〟ボトルがテーブルに並べて置いてあったそうです。


僕が中本から相談を受けたのは、ちょうどこの夜でした。

「3日連続で〝MAYUMI〟が続いてるんですけど……」

「それ絶対バレてるやん！」

「いや、ただの偶然です」

「そんな偶然が3日も続くわけないやん」

「……今日は怖くて家に帰りたくないんでメシ連れてってください」

その日はそのままメシに行って、飲んで食べて、夜中に別れて。

翌日、中本から電話がありました。

「昨日、あれから家に帰ると〝MAYUMI〟ボトルは片づけられてて、嫁もコーラを飲んでなかったんです。『よかったー！　奇跡的に偶然やったんやー！』と喜んでたんですが……」

気になった中本は奥さんにこう言ったそうです。

「あれ？　今日はコーラ飲まへんの？」

「うん、今日は飲まへんねん……あんたの好きな〝MAYUMI〟がなかったからっ！！！！」

そう言ってドアをバーン！と閉め、出てこなくなったそうです。そこから奥さんに口も利いてもらえなくなったという中本。

その心労から7kgも痩せたとか。

とんだダイエットコーラです（笑）。

海

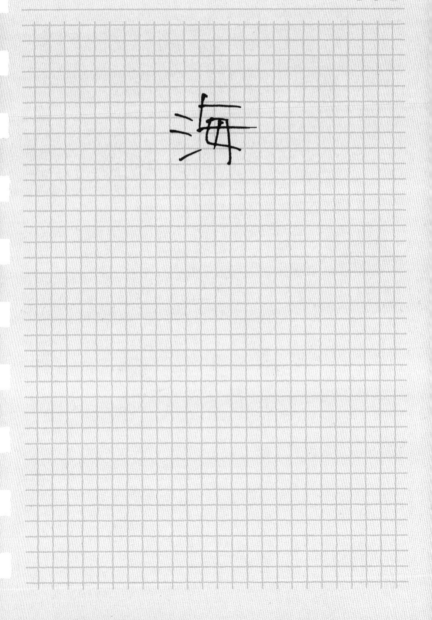

実は今、『黄金伝説』のロケで毎週のように無人島へ行っています。梅雨の時期ですから海はにごり、視界は30㎝ほど。そんな夜の海に潜ったりするのですが、これがめっちゃ楽しいんです。気がつけば1時間半も潜っていて、水中カメラマンの酸素ボンベがなくなりかけるほどでした（笑）。

無人島には濱口くんやオードリー春日、あばれる君やじゅんいちダビッドソンが行くこともあり。1匹めちゃくちゃでかい獲物がいて、それを誰が捕獲するかっていう。そしてそれを最後は川越シェフに調理してもらったり。猿しかいない無人島なので猿が邪魔しにきたり、ほんま大変なんですよ。

僕はひとりで行くこともあれば濱口くんと行くこともあったりで。そんななか、じゅんいちダビッドソンと一緒になる日がありました。彼は水球をやってたらしく、どこが本田圭佑やねんという話ですし、しかもハンドしまくりです。まぁ、だからなのか潜りが得意みたいで。

ロケが終わり「ちょっと飲んでから寝よう」と。じゅんいちダビッドソンとは初めて一緒だったこともあり声をかけると「いいっすか？」となり、僕の部屋で飲むことになりました。

しかし、じゅんいちは次の日早く、僕も早い。これは自宅で後輩らと飲んでいてもそうなんですけど、「そろそろ帰って」と自分から言い出せないんですよ。じゅんいちは後輩ですから、「じゃあお先に帰ります」とは言えなかったと思うんです。気がつくと僕はベロッベロで、そのまま椅子で寝てしまいました。それを見てじゅんいちも帰ったのでしょうが、なぜ僕は「帰って」と言えないのか（笑）。

さて、海といえばシャンプーのCMでこんなのがあります。岩場に腰かけた人魚、そして松潤。人魚は言います。

「ねえ、ヘアソムリエ。この時期、傷んだ髪がまとまらないの」

ヘアソムリエに扮した松潤はこう叫びます。

「湿気のせいだ!!」

いや、人魚なんですからどう考えても海水のせいです。たまに陸に上がってきて、髪が傷んでる。絶対に湿気のせいなわけないやん。

全然うまいことひねれてない、とんだ無回転シュートです（笑）。

表現の自由

神戸連続児童殺傷事件を起こした酒鬼薔薇の手記が出版されました。いろいろな意見があるでしょう。しかし被害者遺族は、「本を出してくれるな」と訴えたそうです。じゃあ出したらアカンよね。ただただ、それだけです。表現の自由？　はあ⁉　です。遺族からしたら、そいつがこの世に生きてるだけで腹立つのに、何を表現する必要があるの？　本人が直接書くんですからそりゃ都合のいいようにしか書きませんよ。そんなこと出版社も考えればわかることです。

被害者の写真や被害者の親御さんの写真まで出てるのに、書いた本人は名前も顔も明かさない。こんな卑怯なことはありません。こいつが14歳のときに出した本なら『少年A』でもいいですけど、歳とって32歳になったんですから、全部さらけ出すべきです。もう少年法は関係ないのですから。大体、この本に『絶歌』というタイトルをつけるなんて何を考えているのか。タイトルを考えてたなんて、凄く気色悪いです。

書くことによって救われる、みたいなことを言ってるらしいですが、何でお前が救われなアカンねん。書くことで救われるなら、書いたらダメなんです。遺族の悲しみに、時効なんてないのですから。

忘れもしません、この事件のあった日、僕は大阪の関西テレビで収録をしていました。撮り終わり、楽屋に戻ってテレビをつけるとこの事件の速報が入り「えっ⁉」となって。当時、自分のひきこもり体験を綴った『14歳』という小説が角川書店から発売される予定だったのですが、酒鬼薔薇も14歳、タイトルからこの事件を想起させるということでお蔵入りとなってしまったのです。結局そこから数年経ち、版元を代え講談社から発売されることになったのですが。

こういう世間のニュースに「ん⁉」と思うことが他にもあります。大学生がLINEで詐欺したとか、LINEでの口論が殺人に発展したとか最近見かけますが、それらの事件名は『LINE詐欺』や『LINE殺人事件』と呼ばれます。これ、LINEという特定のツールを事件に結び付ける必要、ある？　じゃあ今まで『メール詐欺』や、ケータイでの口論から殺人に至った事件を『ドコモ殺人事件』と呼んだでしょうか？　ひき逃げ事件を『プリウス殺人事件』とは呼びません。それと一緒です。

これは、無料通話ができて驚異的な広がりを見せているLINEを貶《おとし》めたいという、誰か大人の意志を感じてしまうんですよ。以上、便所でふと思ったことでした。

カタコト

僕が地球上で知ってることなんて0・0000001%もありません。僕は日本語を喋りますが、僕が日常で使う単語の数など、数多ある日本語のなかではたかが知れてます。もう、カタコトみたいなものです。41歳にもなってこんなに知らないことだらけで、よくテレビに出ているものだと。みなさんも、本当に憤まんやるかたない思いで見ておられるでしょう。それはそれは鼻白んでしまうでしょうし、僕なんてかまびすしいだけで不如意なことでしょう(笑)。

だから、いろんな人の話を聞かないとあかんと思います。以前、NOTTVでひとつのジャンルを突き詰めた方にお話を聞く番組をやってたんですが、それがとても楽しかったんです。

〝オタキング〟として有名な評論家の岡田斗司夫さんがゲストに来られたとき、「やはり日本のアニメは世界で1位ですか?」と聞いたら、「まぎれもない1位です」と。では、なぜ日本が1位なのかと聞くと、「日本にはおこづかいという文化があるが、欧米にはそれがないから」だと言うのです。

欧米だと「暴力描写があるからダメ」「エロがあるからダメ」と、親が検閲してから買い与えると。でも日本は、自分のおこづかいでジャンプだマガジンだと自分の好きなものをチョイスできる。それをやってきた子供たちが大人になり、「俺もこんな面白い漫画を」となるから、この分厚い漫画界・アニメ界ができあがったと言うのです。なるほどねーと思いましたね。

また、ヤクザ監督として知られる開星高校野球部監督・野々村さんが来られたときのこと。甲子園で、たまに〝補欠でキャプテン〟という子がベンチに入ってますが、監督は「一般企業は、ぜひ彼らを会社に入れるべき」だと。それほどまでに人間として素晴らしい子がなるのが、補欠でキャプテンだと仰ってました。

というのもレギュラーではないのに、野球のスキルが自分より高いヤツらに「こいつの言うことは聞こう」と思わせる、その人間力たるや。僕は今まで「補欠でキャプテンなんて恥ずかしいやろな」と思ってきましたが、実はその逆だったのです。

気象予報士の森田正光さんが来られたときのこと。森田さんは日本初のフリーの気象予報士なのですが、フリーになられたときの話が凄くて。湾岸戦争時、多国籍軍がクウェートに進攻した際、世間では「いついつまでに戦争が終わる」と言われていたと。しかし森田さんは「そこまでには絶対に終わらない」と発言したそうです。なぜなら、兵器に用いられる精密機械の一番の弱点は、砂ぼこりです。世間で戦争が終結すると言われていた月はまだ砂ぼこりが舞っているため、それが落ち着く2月末までは戦争が続くとコメントし、実際にそうなったそうです。

しかし、天気と戦争を絡めてコメントしたことで森田さんは凄く怒られたとか。この件で愛想をつかし、フリーになられたそうです。そして、無類の桜好きである僕としてはどうしても聞きたいことがありました。

「桜の開花予想は、どうやって決めているんですか?」

この質問に対し、森田さんはこう答えました。

「1月1日から毎日の最高気温を足していって、それが600℃に達したとき桜は開花するんです」

へぇ――って、もう感心しきりで。これって、凄くないですか?

そんな森田さんを5年ほど前、ディズニーランドでばったり見かけたことがありました。めちゃくちゃ暖かい日なのに、森田さんはダウンを着ておられました。

おそらく予想が外れたのでしょう(笑)。

お腹空いた

ある日、夕方4時から90分ほどの雑誌取材、そのあと7時から9時ぐらいまでが『アメトーーク』の収録、それ終わりで晩飯に行くという日がありました。

3時半ぐらいにマネージャーの大谷とタクシーに乗り、雑誌取材の現場に。この日は朝から何も食べてなかったので、車中で「お腹すいたなぁ……」と言うも、大谷は無視。しばらくして再び「ご飯どうしようかなあ……」と言うも、また無視。

その雑誌取材の現場は初めて行くところで、周りにお店やコンビニなどが思いの外ない場所でした。雑誌の担当者に「ケータリングありますか?」と聞いても「ないですねえ」と。どうしようかなあと考えていると、「『アメトーーク』の現場に行ったら、ありますよっ!」と大谷。

「そんなことわかってるがな! でも『アメトーーク』の収録終わりで晩ご飯行くのに、収録現場で食べたら晩ご飯食われへんようになるやん。いま食べとかんとって意味で言ったんや!」

変な空気になってしまったので少し和ませようとエレベーターに乗った際、「大谷、お前さっき俺にイラッとされたな」と言うと、

「私も、そんな言い方します?ってイラッとしましたけどね!」

え⁉　俺より上で返してくる？

「いやいやいや、そりゃ『アメトーーク』の現場に行ったら、お弁当があるのはわかってるよ。でもそれ食べたら、晩ご飯食べられへんから！　それに、いま食べとかな収録にも差し支えあるって意味でも言うてんねや！」

さすがに「すいません」と返してくると思いきや、大谷は、

「いやー、ジュニアさんの胃袋だったら、いま食べても晩ご飯食べられないんじゃないですか⁉」

もうね、何なん⁉（笑）

以前お話ししましたが、僕は作家5人を相手に『Q&J』というグループLINEをやっています。これは作家たちが身の回りに起きたことや気になることを投稿し、それに僕が答えるというもの。そのやり取りを25人ほどの関係者たちもグループLINEに参加して、覗いています。作家たちは僕のスケジュールを把握してませんから、仕事中だろうがオフの日だろうが、どんどん投稿してきます。それを僕は移動中などに返して。

大谷は移動中なんてもれなく寝てますが、僕はその返信に追われているんです。

「これに対して、この角度から返していこかな。いや、こっちのほうがええな。ここは改行したほうがわかりやすいな。もう1回見直して、これで大丈夫。よし、送信」

そのとき、寝ている大谷のケータイが鳴りました。

あいつもそのグループLINEに入っているからです。推敲に推敲を重ねた僕の回答を寝ぼけ眼で見た大谷は、

「………」

で、ケータイをしまってまた寝るんです。

いや、なんかリアクションせぇや！

ときには、僕の書いた笑いが理解できないのか、ちょい小首をかしげて、二度寝に入ることもありますから。

腹立つわー（笑）。

意地悪

こないだ仕事で名古屋へ行ったときのこと。えらい雨が降っている日で、僕と大谷は名古屋駅のタクシー乗り場に。そのタクシー乗り場は屋根がついているため、濡れずに乗車できます。やっと僕らの番やと思いタクシーを見ると、不機嫌な顔した白髪の運転手がドアを開けたまま一切乗り場には寄せず、そこで待っているのです。

僕も大谷も「えっ⁉」と思いながらも仕方がないので、びしょ濡れになりながら乗車しました。この運転手、年のころなら60～70代。その年で「意地悪したい」って、どういう感覚なんでしょう？　逆に笑けてきました。

西麻布でのこと。外苑西通りを西麻布の交差点に向かって青山方面へ走っていたタクシーを止めました。「恵比寿のほうに行ってほしいんですけど」と告げると、第一声でこう言われたんです。

「逆だよ‼」

そんな言い方あります⁉

「ここ、Uターンできねえだろ‼」

いやいや、Uターンしなくても行けます。道順を説明すると、

「あん？　駒沢通りから行くの？」

行かん行かん！　なんでそんな遠回りせなあかんねん！

そもそも、手を挙げて止まった時点で僕は通行人から客になるはずです。そんな客に対してこの第一声はなんなんでしょう？

僕がトークライブの第一声で、

「今日はボケないからね！　面白いことひとつも言わないからね！」

と言っているのと一緒です。

その後、僕が教えた道順通りに行って目的地が見えたので「ここです」って言ったら、「ここでいいのね」って言うてからス——って随分行ってから止まる。結局、目的地からめっちゃ離れてるんですよ（笑）。こんなもん、全然面白くないトークライブを3時間半されるようなもんです。せめて2時間できっちり終わってくれよと。

しかし、ええ年したおっさんが「意地悪したろ」っていう発想ってなんなんでしょう。若いときなら「オイ！」となったでしょうが、今では「不思議な人もおるなあ」と逆に笑けてしまいます。

そんなふうに歳を重ねて変わったことってあります。もうね、父性の出方が凄いんですよ。以前、飛行機に乗った際、隣の席が若いお母さんと、3歳ぐらいの女の子でした。その女の子は離陸から着陸までずっと泣いてて、それを「うるさい」と感じた方もいたでしょう。でも僕はそれすら「かわいらしいなあ」と思え、その子を見てずっと笑っていました。途中、女の子がオレンジジュースをこぼし僕の右腕にかかってしまったんですが、それでも僕はずっと笑ってました。

こないだ、マンションのエントランスで女の子がひとり遊んでいました。かわいらしいおさげの子やなあと思い、「こんにちは！」と声をかけるも、照れて何も言いません。パッと見ると、まだ4歳ぐらいなのにオシャレなヒールを履いています。

「かわいい靴、履いてんなー。ちょっと見せて」

と言い、その瞬間ハッとしました。

「これ、端から見たら変質者やんけ！　危ない、危ない！」

もうね、父性がハンパなく出てきよるんですよ（笑）。

距離感

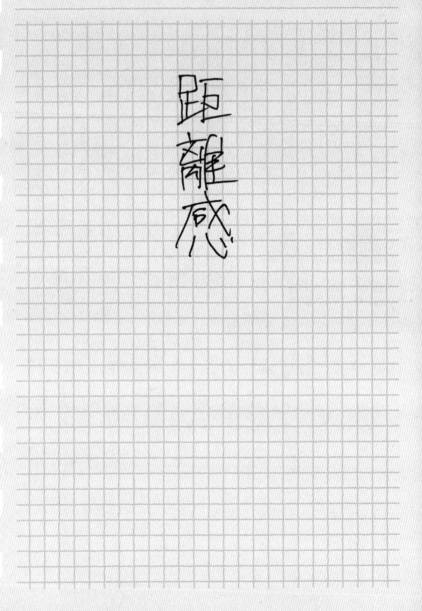

すべての物事は、距離感のうえに成り立っていると思います。例えば、30m離れたところでメンチを切り合っても、視力が悪い者同士にしか見えません。顔を5cmぐらいのところでやるからメンチの切り合いになるわけで、これが0cmなら、ただの愛し合ってるゲイのカップルです。

つまり、すべては距離感なんですよ。

そしてこの世には距離感のうまい人へたな人、距離の詰め方を間違える人もいます。

僕は宮古島に毎年行かせてもらうようになってもう12~13年になり、島民の友達もたくさんできました。

この間も後輩を連れ、宮古へ。島民の友達とその日は夕方6時からBBQをやる予定が、昼に「中止です」と。無類の屋外飲食が好きな僕としては「えっ⁉」となったのですが、居酒屋でご飯を食べることに。そこで食事をして、BBQをやる予定だった場所で9時からみんなで飲もうという話になりました。

9時近くになったので「そろそろ行こか」と言うと、「もう1品頼んでいいかなあ?」と島民の友達が言います。

「まあ、ええけど……」

ひとりは電話で何かやり取りをしていて「あー、ＯＫＯＫ」とか言っています。しばらくして「ぼちぼち行こか?」と再び切り出すと、

「もう1杯だけいいかなあ?」

「なんやねん！　向こう、もう集まってるんちゃうの?」

と心配するも「どうなんかなあ」と煮え切らない返事です。

しばらくしてようやく居酒屋を出て、タクシーでＢＢＱの場所へ。僕が会場に入った瞬間、

「ようこそ、ジュニアー！」

との大勢の掛け声とともに、島民の友達によるバンド演奏が始まったのでした。実はこれ、僕へのサプライズで、9時から開始となっていたのが急にアンプの音が出なくなったりとトラブり、居酒屋に足止めされていたというわけです。全然気がつきませんでした。

そのバンドというのも50がらみのおっさんがちゃんと黒塗りしたシャネルズのコピーで、振りも完璧。それを僕のためだけにやってくれたのです。エンターテインメン

トの根幹は、サービス精神にある。その真髄を、いうたら素人に教えられたのです。

彼らのやさしさに泣きそうになりました。ライブが終わり、MCが、

「ということで、誕生日おめでとう！」

「誕生日⁉　誰のや？」

「3か月遅れの、ジュニア41歳おめでとう‼」

その日は6月30日、3か月も遅れてロウソクを吹き消したのは初めてです。

こんなふうに島民らと仲良くなったのなんて、ここ5〜6年ぐらいのことです。それ以前は、島民はもれなくシャイですから、僕の存在を知っていても「千原ジュニアが来てるな。あいつが間に入ってるらしいな」と、なかなか互いに距離を詰め切れずにいました。その間に入っているという、一番仲のいいタカシというヤツとも関係を築くのに2〜3年はかかっています。そういうふうに時間をかけ、丁寧に丁寧に編んでいくから、互いの関係もガチガチの太い縄になっていくというか。

そんななか島民のひとりが、

「最近、新しいキャバクラができたから行ってみよう」

と言うので、みんなで行くことになりました。

店内に入ると右手には観葉植物が2～3本置いてあり、それが目隠しのようになったボックス席があったので「そこ行こか」と。しかし、テーブルの上に布とかハサミなどが置いてあり「えっ⁉」となっているとホステスが来て、「すいません、その席はまだ完成してないので、こちらへ」と、普通のフロア席に通されました。

僕らはその席で楽しく飲んでいると、店長と名乗る30歳ぐらいの男性がこちらへやって来ました。

「お楽しみのところ少しだけお時間よろしいでしょうか。実はこうやって宮古島でお店をやっているのも、ジュニアさんのおかげなんです」

「えっ⁉」

「実はママに『宮古島で一緒にお店をやらないか？』と勧められたとき、悩んでいたんです。そんななか、僕はジュニアさんのファンでいつものように番組を観ていたら、ジュニアさんが『宮古島はええで』って仰ってて。このタイミングでそんな言葉を聞くなんてこれは運命だと感じたんです。ジュニアさんがそこまでいい場所だと言うなら、これはやるしかないと、店をやることを決意したんです」

彼の激白は、まだ続きます。

「そして、僕はいつかジュニアさんに来てもらえるような立派な店にしようと頑張ってきました。そんな日に備え、ＶＩＰ席を作ろうと思っていたところだったんです」

そして最後に、大きな声でこう言いました。

「だからジュニアさん、お店に来るの早すぎっ!!」

距離感を一気にグーッと詰めすぎたせいで、僕と一緒にいた島民全員から「あぁっ!?」って凄まれ、めっちゃ空気悪くなるという（笑）。

やっぱりすべては距離感なんですね。

巌流島

巌流島という新しい格闘技があります。これはいろんなスポーツ選手、どのジャンルの格闘家であっても戦えるルールを作ろうということで始まりました。

普通、格闘技のリングというと四角でロープやケージがありますが、それらすべてを取っ払い、大きな円形を闘技場としました。そして、そこから3回落ちたら負けというルールです。

そのため打撃が弱い人でも勝てますし、打撃が強い選手はKOを狙えます。このように、それぞれが多面的に勝利を見いだせる格闘技なのです。

先日、その第2回大会が国技館で行われたので観に行きました。僕はリングサイドの席だったのですが、どの試合もとても面白くて。K－1など他の格闘技で活躍している有名な選手が負けたりと番狂わせもあり凄く盛り上がりました。

そんななか、いろんなジャンルの選手に活躍のチャンスがあるという、巌流島の特性を体現するような選手がいました。それは合気道の達人だという、孫が2人もいる60歳のおじいちゃんです。

合気道というのは相手の力を自分の力に変えてしまう格闘技です。それを証明するように、煽りのＶＴＲではそのおじいちゃんが三角絞めをかけられているんですが、技をかけているほうが「痛い痛い痛い！」と一瞬でタップしてしまうというシーンが。また、マウントポジションを取られたおじいちゃんが一瞬で体勢を入れ替え、相手がタップしてしまうという場面もありました。

片や対戦相手は、空手をベースにした若い選手です。煽りのＶＴＲでは、「もちろん敬老精神はありますが、これは試合ですから。真剣にいきますよ」とコメント。

そして若い格闘家と白髪のハゲかかったおじいちゃんが入場すると、会場はこの日一番の盛り上がりを見せました。全員が「これ、どうなんねん⁉」と。

レフェリーの「ファイッ！」という掛け声とともに始まった、その瞬間でした。

若い選手がパンチを繰り出すと、おじいちゃんにバチーン！とモロにヒット。

おじいちゃんは流血し、白目をむきながら15秒でＫＯ負けしたのです。

もう、それがめちゃくちゃ面白くて、腹を抱えて笑ってしまいました。だって言い方は悪いですけど、ジジイがフルでどつかれる場面なんて、まあ観ることはありません（笑）。

一緒に行ったタケトと僕は爆笑してしまったんですが、えらいもんで会場はドン引き。そして試合が決まった瞬間、会場のでかいスクリーンに僕の表情を映そうと、カメラを抱えたスタッフが僕を抜きにきたのです。しかし、

「ジジイが殴られ倒れてるところを観て爆笑してる。これをスクリーンに映されたらまずい！」

そう思った僕は、カメラが来た瞬間とっさに手で口を押さえ表情を隠しました。

「よかったー、バレてない！」

と思いパッとスクリーンを見たら、隣で爆笑してるタケトが映っています。

お前でバレたやないか！（笑）

目黒の目白

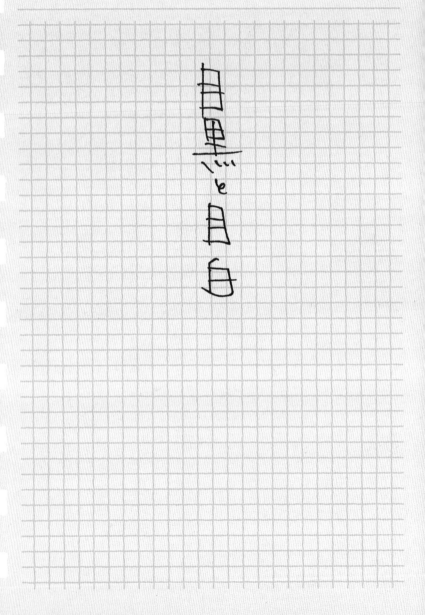

まあ便所で思うようなことですから、それを承知のうえでお聞きください。

目黒と目白って、すごいコンビみたいな地名やのに、距離的には離れすぎてない？

何か、もうちょっと近くでやりくりしてくれたらいいのにって思います。

雑誌を頭から読んで読んで、中盤にさしかかったところでやっと目次が現れます。

いや、遅いて（笑）。

『ＳＰＡ！』でも、20ページ目くらいに、やっと目次です。何か、だいぶ品数出てきてからメニューを渡される、みたいな。

朝飯前という言葉を辞書で調べると、【きわめて簡単なこと。非常に容易なこと】とあります。いや、朝飯前にひと仕事するの、まあまあ大変じゃないですか？　早起きするために前の晩は早く寝て、早起きして。そもそも腹は減ってるし、そんななかのひと仕事は大変です。言葉の意味を考えると、〝朝飯前〟じゃなく、〝晩飯後〟が正解だと思います。腹いっぱいなら、パパッとひと仕事できますから（笑）。

あと、〝食いしんぼう〟は辛抱してません。

飛行機に乗ってて着陸する際、「当機は10番スポットに入ります」というアナウンスがあります。あれを言われたところで、

「10番スポットか……」

「えー、6番スポットちゃうの？」

とは、なりません。あれは一体、誰に向けてのものなのでしょう？

ボックスティッシュを見たら、【360枚（180組）】と書いてありました。いや、そこは【180枚】の表記でいいはずです。ティッシュを剝がして使う人はいないでしょうし、多くあるように言いたいだけなのでしょう。その理屈で言うと、

【靴下6足1000円（3組）】

と表示されているようなものです。いや、誰が片方だけで靴下はくねんっていう。

以上、便所で思いついたことでした。

目撃

作家陣が身の回りで起こったことを投稿し、それに対して僕が答えるというグループLINE『Q&J』で、ある作家から写真つきでこのような投稿がありました。

【本能なのでしょうか？　ツバメがきちんと「木」の上に、巣を作っています】


僕はこう返しました。

【本能が過ぎるところを目撃しました。先日、時間が空いたので最終の回で映画『バケモノの子』を観たときのことです。館内はガラガラで斜め前の席には、髪の毛が真っ金キンの男の子と真っ茶チャの女の子が。で、このカップルがずっとごちょごちょしていました。女の子の顔が下がったかと思ったら、男の子の顔が上がり。男の子の顔が下がったかと思ったら、女の子の顔が上がり。映画そっちの

けで、ほんま挿入以外全部かというぐらい、ずっとごちょごちょしていたんです。あの2人が、一番バケモノの子でした】

そしてエンディングでミスチルの曲が流れ、2人は帰っていきます。贅沢なさげ囃子ですよ（笑）。

そのミスチルのドキュメンタリーをこないだやっていたので、観たんです。そのなかで桜井さんが自分の歌い方に納得がいかず、あるワンフレーズだけを何十回もテイクを重ねていました。それを観て、僕も頑張らなあかんと思いましたね。

しかし、ミスターチルドレンとは、つけるのになかなか勇気のいるバンド名です。いうたらボケですよ。相反する単語を並べているわけで、〝オヤジギャル〟みたいなことですから。そしてこの世には、ミスターなのにチルドレン、みたいなことがあると思うんです。

・袖なしダウンジャケット

まったく意味がわかりませんし、僕は1枚も持っていません。袖がないので一見寒そうに見えますが、実はそうでもないそうです。冬にオープンカーに乗ってても中はヒーターがあるから寒くない、みたいなことなのでしょうか？

・羽根なし扇風機

扇がないのに扇風機とは、お題によってはまるで大喜利の答えのようです。しかし、その羽根なし扇風機が今や普通なのですから不思議なものです。

・『東京カレンダー』の京都特集

なんか引っかかってしまいます。

・朝の情報番組のケータリングの飲み物

僕の唯一の午前中のレギュラー番組『ビビット』。朝行ったら、午後の紅茶がありました。いや、全然いいんですけどね（笑）。

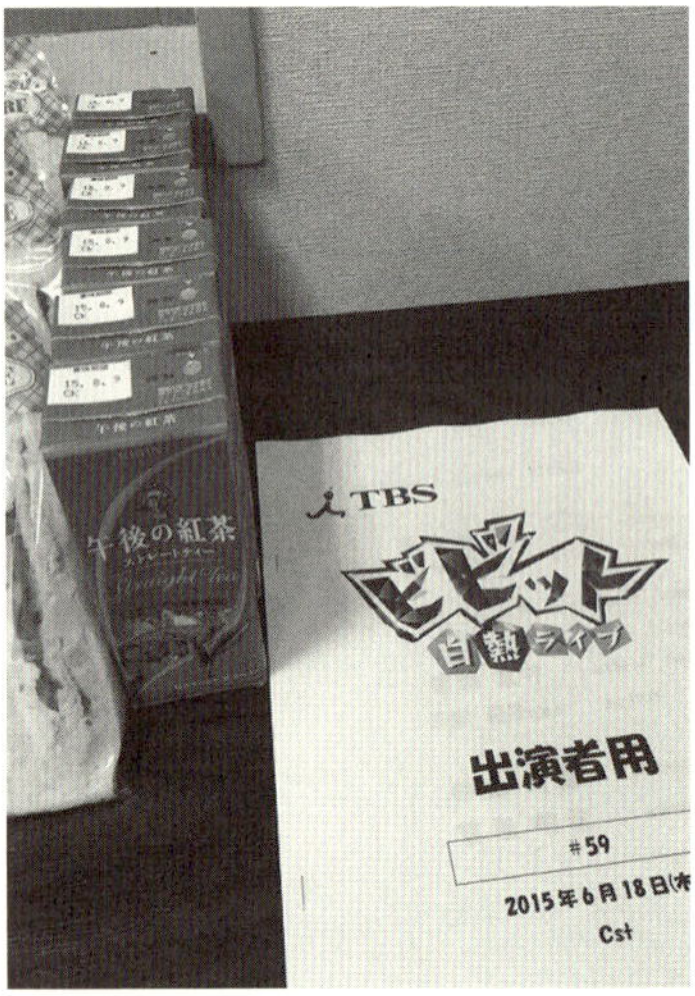

ファン

自分たちでそう呼んでいるのか、ファンの愛称にはいろいろなものがあります。

アルフィーのファンは、『アル中』。

スピッツのファンは、『ブリーダー』。

サカナクションのファンは、『魚民』。

それぞれ、そう呼ばれているそうです。ですから僕は、文珍師匠のファンの方を〝文鎮〟に引っかけて、ウェイター（ｗｅ・ｉｇｈｔｅｒ）と呼びたいと思います（笑）。


名前つながりで言いますと、三又さんの『ミマタ』。これはポルトガル語でどういう意味かというと、

「私を殺して」

というのだそうです。

そんな三又さんの得意なモノマネが、

「僕は死にましぇん！」（笑）。

三代目

僕は普段カバンを持たないので、お金はもちろんカード類にマンションのキーカード、駐車場のカードリモコンなど、ほぼ財布のなかでやりくりしてるんです。それだけ容量があり、しかもケツのポケットにギリギリ入るサイズの財布というのがなかなかなく、見つけるのに苦労しました。

ある日、百貨店のなかでサバンナの高橋と偶然会ったとき、「今日は暦的に何年かに一度の縁起がいい日なので、財布を買うなら今日ですよ」と言うので「もしこれと同じのがあったら買うわ」と僕。そしてお店に行くと「倉庫にひとつだけある」と。だいぶ昔の型のものですから運命を感じ、即購入。

最近、その二代目の財布のボタン部分が、ついにバカになってしまったんです。そのためマネージャーの大谷に「今日直せるところを探してくれ」と頼み、1本目のロケに。ロケが終わって大谷に確認したところ、「どこも預けて1~2週間はかかるそうです」と。そんなに待ってはいられないので、もう一度探してくれるよう頼みました。そして僕は僕で、財布のメーカーであるコム・デ・ギャルソンに在庫確認の電話をしたところ、「全国の店舗を調べましたが、ひとつもありません」と。そして、海外の店舗にもひとつもない、とのことでした。しかし、「あ、取引先にひとつだけあるかもしれません！　明日、折り返し電話します」と言われ、２本目のロケへ。そのロケも終えたところで、大谷に状況を聞いてみると、

「直りました」

「えっ⁉」

「10分で直してくれましたよ」

聞けば一軒家を工房としてやっている方が、傷も見えないほどきれいに直してくれていたんです。「いくらした？」と聞いたら、「こんなのお金を取るようなことじゃない」とタダでやってくれたそうです。「お前、それ何ラリーかやり取りして、ちゃんと聞いたんか？」と確認すると、「はい。でもお代は頑なに拒否されたんです」と大谷は言います。


翌日、ギャルソンから「在庫がひとつだけありました」と連絡がありました。使用中の二代目がつぶれたらそれで終わりですから、三代目をストックしておこうと「でしたら、取りに行きます」と返答。

さらに翌日。時間が空いたので、タダで修理してもらった工房の方に菓子折りを持ってお礼に行きました。

「こないだはありがとうございました」

「わざわざ、すいません」

「ここで作ってはるんですか？」

「そうなんですよ」

ということは、この形の財布を作ってもらうことも可能ということです。三代目は確保できましたが、もしものときの四代目・五代目はこの方に作ってもらおうと、名刺をいただいて帰りました。


翌日は、『こんなところに日本人』の収録でした。すると、せいじが、

「お前、パッキャオとメシ行く？」

「はあっ⁉」

もちろん、フィリピンが生んだ最強ボクサー、マニー・パッキャオのことです。聞けば、パッキャオはバスケットボールワールドカップの母国開催招致の一環として来

日していそうで、その関係者にせいじの知り合いがいるというのです。

「明日、そいつがパッキャオとメシ行くねん。俺は行かれへんけど、お前行く?」

正直、「何、言うてんねん、こいつ」と思いましたが、翌日は午後2時までしか空いていません。都合が合わず、パッキャオとの食事には行けませんでした。


そしてその翌日、午後2時からの仕事を終えると、1時間ほど時間が空いてしまいました。「そうや、ギャルソンに財布取りに行こ」と思いたち、僕はバイクで来ていたため、大谷に、「俺、バイクで荷物持たれへんから、お金だけ払いに行くわ。だから お前も来て、財布だけ受け取って次の現場まで持って行ってくれへん?」と頼み、青山のギャルソンへ。

「ジュニアさん、お財布ならカウンターでお預かりしております」

「ありがとうございます」

するとと店員さんが、

「ジュニアさん、あれ」

その指さしたほうを見ると、

「ええっ!!」

遅れて店にやって来た大谷に、

「俺いま、写真撮っててんけど」

と言ってケータイを見せると

「え――――――っ！！！！」

おそらくギャルソン史上一番でかい声が店内に響き渡りました。

実は来日中のパッキャオがたまたまギャルソンで買い物中で、僕は奇跡的にそこに居合わせたのです。僕は「ラスベガス行ったんやで」と対メイウェザー戦の写真を見せ、一緒に写真を撮ってもらいました。

思えば、せいじもマカオでパッキャオの試合を観た後にホテルに乗り込み、パッキャオとのツーショットを撮ったことがありました。兄弟それぞれでパッキャオと写真撮ってるヤツは、なかなかいないんじゃないでしょうか（笑）。

それにしても、パッキャオと会うのに青山で事足りたんですから、わざわざラスベガスまで行かなくてもよかったかもしれません。

以上、マニーにまつわるお話でした（笑）。

マニー・パッキャオと記念撮影。ラスベガスに行かなくとも青山で事足りました！

急性胃腸炎

1週間ほど海外ロケに行っていたのですが、帰国後は朝から詰め詰めで仕事していて。それが2日続いて3日目、猛烈な吐き気で朝8時に目が覚めたのです。便所に駆け込み吐いて、下からもめちゃくちゃ出てるのに、お腹がパンパンに張っています。

これは完全に急性胃腸炎の症状です。脱水状態になるので水を飲む。するとすぐ、いま飲んだやつがバーッと出てくる。昼から仕事だったんですが、昼までずっとその繰り返しで。

最近のウォーターサーバーはお湯を出そうとしても、チャイルドロック解除というワンアクションが要ります。いや、おっさんのひとり暮らしのチャイルドロックほど不必要なものもないですよ。

そして、こんな弱ってるときになって初めて気づくことってあります。ウォーターサーバーは熱湯だけでなく、冷水も出ます。しかし、急性胃腸炎の僕には、いつもの冷たくておいしい水だと厳しすぎるんですよ。ですから、ノズルが3つになって、常温が出ればいいのになって。しんどくなって、初めて常温の大切さがわかりました。

さて、13時半に渋谷のスタジオに行かなければならないのですが、僕は便所で倒れたまま。しかしそれを知らない大谷から、

【お昼ご飯、どうします？　何か買っておきましょうか？】

とメールが。今の俺から一番遠いところにあるもの、それがお昼ご飯ですから。打つだけでもしんどいのですが【入り時間ギリになる】とだけ返信。

吐き気にも波があり、谷の状態がやってきたので「今しかない！」と立ち上がり、ババッと着替え、車に乗り込みました。

しかし運転中でも山がやってきます。ですから本当に申し訳ないのですが、渋谷に着くまで4回ほど路肩に止め、中身は全部水ですがシャーッと吐きました。ほんま、ジェーライオンですよ。世界三大がっかり名所の四つ目・ジェーライオンが、恵比寿で1回、代官山で2回、渋谷に1回現れ（笑）。

しかし渋谷は人が多く、なかなか車で通れません。クラクションを鳴らしたいのですが、旧車ですから音がでかいんですよ。もれなく「ファーン!!」と鳴るのですが、「サァン」ぐらいで人は気づいてくれます。なぜ、クラクションにはボリュームを調

整できる機能がないのでしょう。これも、しんどいからこそ気づけたことでした。

やっとスタジオに到着したのですが、その仕事というのが『にけつッ!!』の3本録り。ふたりだけのトークですから逃げようがありません。

というのも以前、僕は3年連続で年末に急性胃腸炎にかかったことがありました。そのどれもが、『いいとも!』レギュラー出演の日で、夜は『年末特大号』で。だから、『いいとも!』の年末打ち上げには3年連続欠席していて。

しかも、実は『いいとも!』の本番中に吐いてしまったこともありました。そのときも急性胃腸炎のまま生放送をやっていたのですが、東国原さんが宮崎県知事だったころ、持ってこられた肉巻きおにぎりを見た瞬間に気持ち悪くなり、僕は舞台袖にはけて吐きました。ただ、『いいとも!』は出演者が多いためカメラは肉巻きおにぎりと演者に向いていたので、なんとかごまかすことができたんです。

しかし『にけつッ!!』では、そうはいきません。舞台上には、僕と肉巻きおにぎりみたいな芸人しかいないんですから（笑）。

さて、ない力をふりしぼって本番に臨んだのですが、話してるときに声を張りたいところでもれなく波が来ます。だからいかに乱さずにそのままの状態を保ちながら何とか30分を終え、楽屋に戻って。

しかし、そこから起き上がることができず、初めて収録を飛ばすこととなってしまったのです。

せいじなんか1年のうち3か月も海外ロケに出ています。僕がどんだけ弱いのか、あいつがどんだけ強いのか。こう毎年やっていれば、もう急性でも何でもありません。ただの慢性胃腸炎です（笑）。

どうしようもないこと

こないだ新大阪駅で、マネージャーの大谷が買い物に行ってしまったため、ひとりで待っていたときのこと。隣に男性が来て、

「あ！　せいじさんですよね？」

と言うのです。実はこれ、結構あることなんです。僕が「せいじ、せいじ」って言うから、ごっちゃになる人もいるのでしょう。それは別に全然いいんです。しかし、

「いや、違います」

と答えても、

「いやいや、絶対そうですから！」

と言うのです。僕は「いや、違います」と再び否定すると今度は、

「感じ悪いですね〜」

って。僕も「いや、僕はジュニアですよ」って言いたくないわけじゃないんです。ただ、その隙を与えてくれずの会話だったんです。


しかし真正面から、こんなにも正々堂々と間違えられたら、僕はどうしたらいいんでしょう？（笑）

「きよしさんですよね？」と、たけしさんは絶対に言われません。
「いわしさんですよね？」と、さんまさんは絶対に言われません。
だから僕は間違われないようにもっと頑張るしかありません。

そういう、どうしようもないことってあります。
先日、虫よけスプレーにハエが止まってました。
ほんまにどうしようもないです（笑）。

モテ自慢

こんな僕でも、過去に何度かモテたことがありまして。

20歳ぐらいのころ、自宅の最寄り駅から地下鉄に乗ろうと階段を下りているときでした。若い女性が、いきなり「すみません」と声をかけてきたのです。そして、「いつもこのあたりでお見かけしてたんですけど、好きになりました」

と、告白されたのです。続けて、

「何されてる方ですか?」

「えっ⁉」

僕はもう、そのころは関西でテレビに出ていましたし、ファンが家に来たりもしてたので、これは新手のやり口かなと。つまり、僕のことを知らないふりして、そこから近づいてくる巧妙な作戦かと思ってしまったのです。

「ですから、お仕事は何をされてるんですか?」

しかし、そう尋ねてくる彼女の目に一点の曇りもありません。これはホンマに僕のことを知らなんだと思い「芸人です」と答えると、

「ふざけないでください!」

と、彼女がいきなり怒り出したのです。続けざまに、彼女から放たれたひと言がこれ。

「こんなにかっこいい人が、芸人なわけがないじゃないですか！」

これマジですよ（笑）。これが僕の持ってる唯一にして最大のモテエピソードだったのですが、最近それを塗り替える出来事がありまして。

一般の方とお仕事させていただく機会があり、50代後半ぐらいのキレイな女性と20〜30分の質疑応答みたいなことをやったんです。

そして後日、そのプロジェクトにかかわった方々と会食をすることになりました。50代後半ぐらいのキレイな女性は来てなかったのですが、そこである男性が、「あれ、言っちゃっていいですかね？　もう、いいですよね？」と周りの人に言うので、「何ですか？」と聞くと、実は僕が質疑応答した50代後半ぐらいの女性は僕のファンだというのです。前日には美容院に行き白髪染めをし、もともとキレイな方ですがさらにキレイにお化粧し、キレイな洋服を着て、そこに僕が来たと。そこで、「テレビで観るより実物のほうがいい」と思ってくれたそうです。

そして質疑応答してお昼休みに。僕は楽屋に戻って、お弁当を食べる。みなさんも別室でお弁当を食べる。そのときです、その女性が「はああああっ!!」といきなり叫んだと思ったら、コンビニへ走っていったのです。

そして帰ってきたと思ったら、今度はモゾモゾしていたそうです。「食事の途中に何してるんですか?」と聞いたら、なんと僕に会って喋ったことで「7年前にあがった生理が来た」というのです。これ凄くないですか!? 閉経してたのが開いたんですよ? 子宮が「この人の子を産みたい」って思ったってことですから。

自慢話で申し訳ないですが、これはなかなかのモテエピソードです(笑)。やれ何人と寝たとか。やれ何股したことあるとか。バカなこと言ってんじゃないよ! こっちは開経させたんだよ!

かつて、小森のおばちゃまがジェームズ・ディーンのお墓参りに行き、あがってた生理が来たという話がありますが、それとまったく同じエピソードですから。まあ、和製ジェームズ・ディーンと言っても過言ではないでしょう(笑)。

しかし凄い話ですよ。「脳で」とか「ハートで」とかのレベルじゃなく、女性器のメカニズムを変えてしまったんですから。言うなれば『理由なき反抗』ですよ。

知らないか？

テレビの世界は特にそうですけど、ルールっていろいろ変わっていきます。以前は、ゴールデン番組で志村けんさんが透明人間になる薬を飲み、女風呂に入っておっぱいを触ってました。刑事ドラマで古谷一行さんと火野正平さんが混浴風呂に入り、隣で若い姉ちゃんがおっぱいを出してました。今ではもう信じられない光景です。

飛行機でも、いまだに灰皿のある古い機体に遭遇するように、15年ほど前まで喫煙可能でした。若い子からしたら、信じられない話でしょう。もっと言うたら、こないだまでは腰に刀をぶら下げて歩いてた、みたいなことです。

時は流れ、飛行機に乗ったら「ケータイの電源を切れ」とルールが変わりました。しかしその後、「機内モードならよろしい」とまたルール変更。何やねん、その機内モードって（笑）。今では「機内の中でも着陸さえすりゃ通信してもいい時代」になりました。着陸したらすぐにケータイを触りだす。それがルール違反ではなくなったのです。

飛行機に乗っていて、羽田に到着。隣の50代ほどの男性が、案の定メールを打ち出しました。その男性は老眼なのでしょう、字がすごく大きいんです。だから見る気はないのに、見えてしまうんですよ。その男性は【今、着いたよ】と送りました。する

と、女性からなのでしょう、【おかえりなさい】という返信が。その次に男性は、

【ちなみに隣は千原ジュニアだったよ。知らないか?】

と、送ったのです。いや、何やねんそれ（笑）。

しかし、みんながみんなお笑いが好きとは限りませんし、興味がなければ知らなくて当然です。僕はボクシングファンですが、

【隣は内山高志だったよ。知らないか?】

【隣は山中慎介だったよ。知らないか?】

とメールするのと一緒です。

さて気になるのは、その女性のリアクションです。男性のメール受信が鳴ると、どこから引っ張ってきたのか僕の写真が貼ってあり、

【この人ですよね?　全然かっこよくない】

何やねん、そのやり取り！　腹立つわー（笑）。

しかし、男性はそれに対し、こう返信したのです。

【実物はまあまあかっこいいよ】

あざーっす！　頑張ります！

447

一枚だけいいですか？

飛行機つながりで言うと「まだご搭乗されてないお客様がいるので、離陸が多少遅れます」とアナウンスされることがあります。もし僕が待たせたほうなら「すいませんでした」と頭を下げながら席に着くと思います。しかし、実際に遅れて乗ってきた人たちは悪びれてる様子もなく「やっちゃった、てへ」みたいな顔をしています。

事故で大渋滞というのもよく見ますけど、僕が当事者なら後続車に対し「すいません、すいません」と頭を下げ続けます。しかし事故を起こした車の横を通り過ぎると、これまた悪びれることなく、大体がケータイをいじってます。なんか、こういうのに〝ささくれ〟を感じるというか。

街中で、「写真一枚だけいいですか?」と言われることがあります。いや、こちらからすると枚数の問題ではありません。例えば「写真15枚いいですか?」と言われたら、それはたしかに枚数の話です。でも、「写真一枚だけいいですか?」という言い方には、いかにも「こちらにかかる労力を軽減させてあげてますよ」という思いが透けて見えて、逆にヤブ蛇というか、なんか引っかかるんですよ。

また、もっと引っかかるのは、

「写真ちょっとだけいいですか?」

という言い方のときです。そんな言い方をされると、「肩越しとか、顔がちょっとだけ写っていればいいのか?」と思ってしまいます。

つまり、「写真いいですか?」とストレートに言ってもらったほうが、なんのささくれもなく「どうぞ」ってなるんですよ。

夏に後輩10人ほどとバーベキューに行きました。「まず、ジュニアさんどうぞ」と生ビールを置かれるのですが、10人もいれば全員分が揃うのに随分時間がかかり「乾杯」となったときには、僕のが一番ぬるくなってます。

そして「お肉焼けました!」と僕のところに一番最初に出されるのですが、ちゃんと焼けてるかどうかわからないのに一番先に食べさせられるなんて、これはもう毒味です(笑)。このように、バーベキューに関してもささくれを感じるんですよ。

そんなバーベキューのことをＢＢＱと略します。これはある番組でＴＫＯの木本くんが言っていたのですが、バーベキューのキューは『ｃｕｅ』と書きますから、正確にはB.B.Cと略すべきなのだと。それを聞いて「なるほどなー」と思って。しかしそのとき僕は、なぜ「さすがT.K.O!」と返せなかったのか（笑）。まだまだです。

逆にきっちりしているのは、女子バレーのユニフォームです。いろんなスポンサーロゴが胸などにあるなか、全員の肩に『サロンパス』の広告が貼ってあります。あの絶妙な位置やサイズ、うまいです。僕もああいうきっちりした仕事をしていきたいですね。

結婚

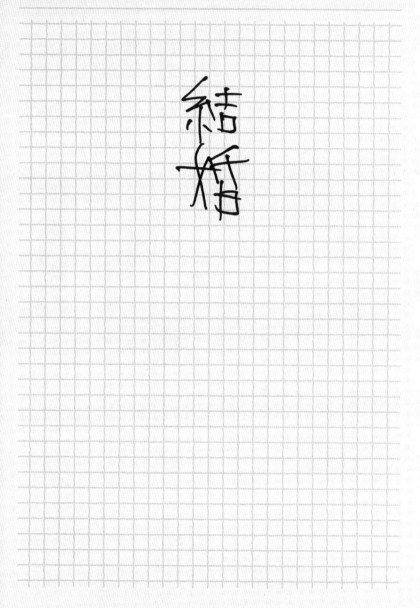

祝結婚記念ということで、特別インタビュー形式でお届けします

――まず最初に聞きたいのが、結婚という道を選ばれた理由は？

ジュニア　彼女とは今年の4月から付き合ってたんですが、バーで一緒に飲んでたときに、小便しにトイレ行って、戻ったら何かわからへんけど「結婚する？」って言うてしまって。今までそんなこと考えたこともないし、もちろん言ったこともありません。でも、なぜかそう言葉が出てきたんですよ。そしたら即答で「よろしくお願いします」って。あまりの即答に驚き、「いやいや、芸人の嫁になるってどういうことかわかってんの？」って偉そうですけど、つい聞いてしまいました。でも、「はい、これからもいろいろ頑張ります」って答えてくれて。だから「なぜ結婚した？」と聞かれたら、「ノリです」としか言えないんです（笑）。

――宮古島で入籍されたそうで。

ジュニア　8月の頭に「入籍はいつがいい？」って聞いたら「9月」って言われて。「そんなすぐすんの!?」って（笑）。スケジュールを見たら28日を含め3日間空いてることがわかり、「じゃあ宮古島で入籍したらええわ」ってなったんです。一緒に行っ

たメンバーにも結婚のことは言ってなかったので、伊良部大橋を渡る車中で旅のスケジュールを練っていたとき「あ、ちなみに明日やねんけど、俺、入籍するから」ってポロッと言ったら、「へーー。……………えーーーっ⁉」ってなって。それで次の日、朝から市役所に行こうとしたら、ちょうど台風が直撃していて市役所も開いてない。13時ごろにようやく開くというので行って、婚姻届を書き、「受理されました」ってパッて見たら、職員さんが全員立って「おめでとうございます！」って。それで誰が用意してんねんっていう話ですが花束までいただき、ほんまありがたいことです。

――それで晴れて夫婦に。

ジュニア その後、「乾杯しましょう！」ってみんなで飲んでたら、後輩がケータイを出して「兄さん、もうネットニュースになってますよ！」「検索ワードランキングも千原ジュニアが1位です！」とか言い出したので、「まあまあ」とニヤケてたんですよ。そしたら嫁のお母さんから【福山雅治さんが結婚されたみたいですよ】って連絡があって。「えっ⁉」って思ったら、「あ、兄さん！ 検索ワードランキングが抜かれそうです！」「今、抜かれました！」「兄さんのニュースが消えていきます！」「消えました！ 千原ジュニアが消えましたー‼」。ビックリしましたね。芸能界でも一番巨大な岩が、こうもどんぴしゃで俺の上に落ちてくるかねっていう。41年、満を持しての結婚なのに2時間ちょいで抜き去られるとは、ほんま恥ずかしいわ（笑）。

――〝かぶり婚〟として、報道されましたね。

ジュニア　そんなもん、ただの包茎婚ですよ（笑）。

――出演番組のタイトルを10個ちりばめた結婚報告文も、うまかったです。

ジュニア　あんなの〝こびへつらい婚〟ですよ。いろんな婚があるでー、包茎婚にこびへつらい婚、2時間で抜き去られ婚、落石婚。

――せいじさんへの報告は？

ジュニア　入籍する3日前、『チハラトーク』の俺の楽屋に来てもらって、しました。俺の楽屋は後輩とかいっぱいいるし、結婚のことは先輩以外誰にも言ってなかったので、1回後輩を外に出して。それでせいじに言いました。そうしたら「え！　ほんまか⁉　おめでとう。早いなー」って。外にいる後輩からしたら「早いなー」と聞こえたから、マネージャーが替わるもんだと思ってたらしくて。

――いいネタになりました？

ジュニア　まぁ、芸人としてはこんなおいしいことはないですよね。ついさっき、さんまさんの楽屋に挨拶に行ったのですが、楽屋に入るや否や「お前やったやろ！ お前わざと合わせにいったやろ！（笑）」とさんざん言われました。そして、ご祝儀もいただいたのですが、祝儀袋には【笑いの神舞いおり代】と書かれていました（笑）。ありがたいことです。

――この連載でも『結婚の条件』（第四巻『はなはだ、便所は宇宙である』P174に掲載）という話がありました。奥様はそれらをクリアした方なのですか？

ジュニア　一緒に住んで間もないですから、まだわからないですね。ドライヤーかけたら風が弱くて、見たら「弱」になってる。「誰か家に入ったか⁉」と思ってしまったり、まだ慣れてないんですよ。家に帰っても「なんや、このええ匂い⁉ なんで俺ん家のほうから、ええ匂いがしてんねん！」って（笑）。

――じゃあ、この連載にも登場したことのある家政婦のジョイさんは？

ジュニア　解約しました。ジョイさんが最後の日に、嫁が「私、ちょっと教えてもらう」って家に来て。それでジョイさんから「これは、こう畳んで」とか教わってました。あと、ジョイさんは僕の素性を知らないと思ってたら、実は知ってたようで。嫁に「あの人は、有名な俳優さんなんですよね？」って言ってたそうです（笑）。

――宮古島では、他にどのように過ごされたのですか？

ジュニア　宮古の友達の奥さんがブライダル写真の仕事をしているというので撮ってもらったんです。嫁がウエディングドレスに着替えてるときにテレビを観てたら、ちょうど『ノンストップ！』で小峠くんが僕の結婚についてコメントしてたんですよ。彼は嫁に会ったことがありますから、「凄くキレイで透明感があって、最初に会ったときは新鮮なイカかと思いました」って言ってて。九州の人の間では〝呼子のイカ〟って新鮮で有名なんですよ。後日、小峠くんに会ったときに「例えで九州出身ってわかる感じ、めっちゃ恥ずいな」って言ったら「勘弁してください」って（笑）。

――では最後に、その奥様の似顔絵を描いてください。

ジュニア　わかりました。これが僕の嫁さんです。

――イカ……（笑）。ありがとうございました。

取材班の無茶ブリにも的確に「イカ」で応える新郎のジュニア

と千原ジュニア

ルミネtheよしもとという劇場ができたのはちょうど15年前。当時は僕がバイク事故を起こして休んでいたため、せいじがひとりでネタをやってました。その後、老若男女が見に来られるこの劇場で新喜劇などもやらせていただきましたが、ここ5～6年はルミネの舞台に立ってはいません。僕は若いときから、ルミネと同じく大衆性の強いNGKには立ったことがなく、若手だらけで実験的な笑いを試せる2丁目劇場でずっとやってきました。でも、ルミネに来られる老若男女のお客さんというのはテレビの向こう側でもありますし、その舞台でやるというのは勉強にもなるんですよ。

そんなルミネから「何かやりませんか?」とお話が。考えてみればレギュラー番組などルーティンが多く、絡む芸人も限られてしまっています。そのため、今まで絡んだことのない芸人とひざを突き合わせるライブにしようと、『と千原ジュニア』というタイトルのライブをすることに決まりました。これは、5組の芸人に20分の持ち場と千原ジュニアを与え、企画構成を各芸人にやってもらおうというもの。

5組のメンツは厳選させていただきました。まずは藤井隆くん。芸風的にも僕から一番遠いところにいる人ですし、共演もほとんどありません。次にライセンスの藤原。

ライセンスはコンビ色が強いですし、藤原のプライベートも全然知らないので、どんな笑いを用意してくれるのか楽しみで。あと最近では珍しい、よくも悪くも面倒くさそうなキングコングの西野。僕が絵を描く場合は、いかに楽して時間をかけずに描くかというところに芸人美学があります。しかし西野は「寝る間を惜しんで一生懸命にこんな細かい絵で絵本を描きました！　どうですか？」みたいな。そんなふうに芸人価値観がまったく違う男なので一緒にやるのもすごく楽しみです。そしてフルーツポンチの村上。あいつなんかは、芸人としての立ち位置や笑いの取り方が、本人の描いていたものとは違っているように見えます。本来ならもっとスマートでクレバーな笑いの取り方をしたいのに、それをさせてもらえてないような気がしていて。しかしこのライブでは、村上が作りたい笑いを自由にできるわけで、そこは楽しみですね。

最後は「プライベートでは仲がいいけどあまり仕事をしたことがない」というひと枠を設けて、パタパタママに入ってもらいました。ほとんどテレビに出たことがないふたりですけど、すごい才能あるし、ぜひ一緒にやりたいと。

まあ、今回のライブに限らずいろいろと仕掛けていこうかと。というのも、ロスに住んでるジョーという友達が、なぜか20年前の僕の写真をこないだ送ってくれたんです。それを見て「何や、こいつ」と。目がギラギラしていて、新しい笑いのことしか考えてない、そんな顔をしてるんですよ。僕が今こいつと笑いの勝負をしたら勝てんのか？ってドキドキしてしまいました。こんなヤツいたら間違いなく『と千原ジュニア』のオファーを出すでしょうね（笑）。

僕にも相手の土俵に飛び込んでやってみたいことがあります。例えば鶴瓶師匠とだったら、『らくごのご』を観て育ったので、３つのワードをもらってひとつの噺を作る三題噺をやってみたい。さんまさんとだったらお絵描き大会をやってみたいですね。例えば「地獄」というテーマで、さんまさんはどんな絵を描くんだろう？「卑怯」というテーマで、何を描くんだろう？気になります。松本さんとだったらセンターマイク１本立てて20分喋ってみたいとか。

『と千原ジュニア』はできれば隔月ぐらいでやっていきたいと思ってます。ぜひお越しください。

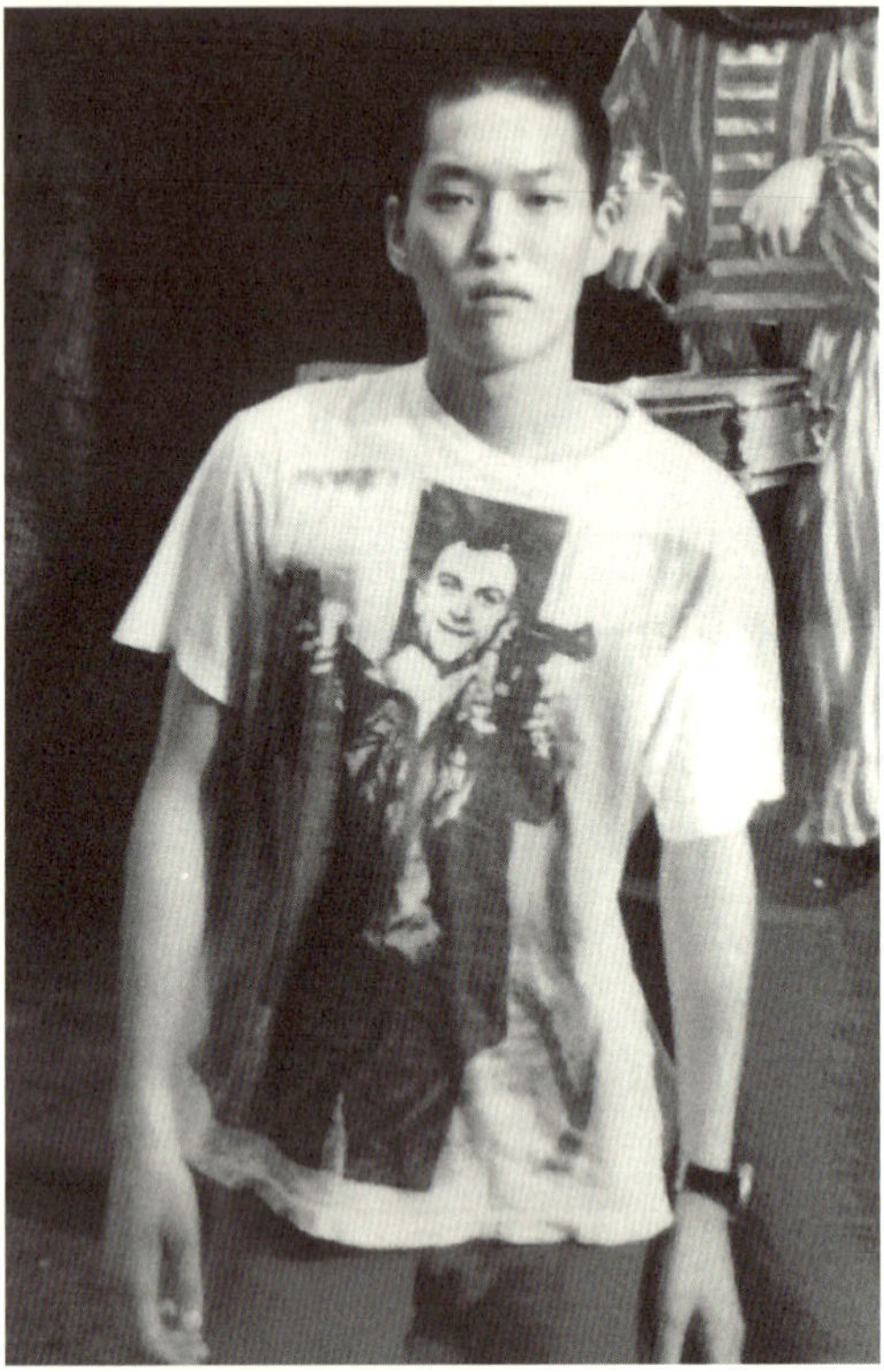

友達が送ってきた「20年前のジュニア」の写真。Tシャツは『タクシードライバー』のロバート・デ・ニーロというギラギラぶり

夫婦のドラマ

入籍する数日前、ボクシング元世界王者の西岡利晃さんとふたりでご飯を食べてて、凄く面白い話を聞きました。そのときはまだ入籍の報告をしてなかったので、僕が結婚することを知るはずもない西岡さんですが、話題はなぜか結婚の話に。

その昔、まだ20代前半だった西岡さんは「活きのいいボクサー現る」と、関西の番組で特集されたそうです。それを観たあるおっさんが15歳の娘に、「お前のえらいタイプの顔したヤツがテレビでやってるぞ」と言うと、「うわ、めっちゃタイプや」と。そこからその子は、全然違う名字なのに「西岡」と名乗るようになります。「私、いつか西岡になるから」と名乗り続け、答案用紙にも「西岡」と書き、ついには学校側もそれを黙認するようになったとか。

その子が、いまの西岡さんの奥さんなのだそうです。

彼女の父親は「誰と結婚してもいいけど、頼むからボクサーだけは連れて来るな」と言っていたらしいのです。しかし、そもそも西岡さんの存在を娘に教えたのは、父親本人。とても不思議な話です。

いろんな夫婦にそういうドラマがあるのでしょうが、僕ら夫婦には……何にもないわ（笑）。

報告

結婚するにあたり、あいつに言ってあいつに言ってないということになるのを避けるため、先輩にだけ事前に報告することにしました。

例えば、さんまさんに電話したところ、

「おお、ジュニア、何や?」

「実は明日、結婚することになりました」

「ええええええ! 結婚⁉ ほんまか⁉ ……ああ、すまん、いま芸人がいっぱいおるなかロケやってて、いまの俺のリアクションで全部バレてもうたわ。もう、すまん! 言うたらあかんか?」

「いや、もういいですよ」

するとさんまさんが、「明日ジュニアが入籍するそうです!」と周りにいる芸人に伝えました。それを聞いた雨上がりさんやサバンナ、中川家などが電話越しに「おめでとう!」「おめでとう!」と祝福してくれまして。

また、きよし師匠にも電話しました。

「明日、結婚することになりました」

「おめでとう！　そうですか。わざわざ電話ありがとう！　それにしても今日はいい日です。というのも、49年前の今日がヘレンとの結婚記念日なんです」

「あ、おめでとうございます！」

「だから、今日は仕事終わりでヘレンと食事に行くんです」

「ヘレンさんにも、おめでとうございますとお伝えください」

「はい、言うときますー」

「じゃあ師匠、末永くお幸せに！」

完全に入れ替わって、電話を切ったという（笑）。

その5日後にせいじの息子・夕の運動会がありました。夕ももう6年生、「小学校最後の運動会」だとせいじから聞いていたのです。僕は夕にメールしました。
【運動会に行ってええか？】
去年は「来てもええけど、絶対バレへんようにな」などとつれない返事でしたが、もうそんな気難しい時期は抜けたのか今年は、
【やったー！　来てくれんの？】

と嬉しい返事が。

さて、行ってみたのですが、赤組・青組・黄組の対抗で行われるなか、夕は今年も黄組で。お昼のお弁当を食べていると、夕の同級生のお母さんが、

「結婚が決まってから、もうジュニアパパは遊んでくれないんじゃないかって、ちょっと落ち込んでたみたいなんですよ」

と言うのです。何てかわいらしいのでしょう。

僕の結婚で、唯一のジュニロスです（笑）。

しかし、やっぱり実の親・せいじには勝てないなと思いましたね。せいじももちろん運動会に来ていたのですが、黄組を応援するせいじが着ていたのがブルース・リーのまっ黄っ黄のTシャツで。あれは偶然とは言わせません（笑）。

39.7℃

結婚をしますとそれをネタに各トーク番組に呼ばれ、一周するという流れがあります。しかし僕としては正直、「誰が興味あんねん」という思いがあるんですよ。芸能人同士の結婚ならいざ知らず、顔も知らない一般の方と結婚した芸人の生活なんて誰も興味がないだろうと。

結婚式も挙げてないので、トークテーマも【出会ったきっかけ】【向こうのご両親への挨拶】【今の生活】ぐらいしかなく、喋る内容もかぶってしまいます。

また、この手の出演では「おめでとう」と祝ってもらうのですが、僕は照れ屋ですからそんなこと言われると照れるしかなくて。

せいじがいて、うわーっていろいろ聞かれてムリヤリ言わされる分にはまだいいんですけど、そういう展開がない場合はほんとに照れるしかありません。でも照れてても笑いにはならないので、そうなったらもう恥を承知で自分から喋るしかない。しかし、それをやればやるほど「こいつ、めっちゃ浮かれとんな」と映ってしまいます。

そんなことがあったからなのか、ただただ俺の線が細いだけなのか、ケツの穴が小さいだけなのか。4日ほど前、朝起きたら背中がバッキバキに痛くて節々がギシギシいうんです。名古屋のホテルで起きて、そこから京都へ移動だったのですが、体が寒く新幹線のなかでも震えるほど。

そして京都駅に着き体温を測ると、なんと39・7℃もありました。こんな高熱、人生初です。しかし、このあと『にけつッ!!』の京都公開収録があります。フラッフラになりながらも、何とかやり終えて。

そのまま京都の救急病院に直行すると先生が、

「この時期でこの高熱はインフルエンザですね。まあ調べるまでもないですが、一応検査しましょう」

そして調べてもらうと、

「あれ!?　インフルエンザじゃないですね。最近、何かありました?」

ありましたよ、人生の一大事が(笑)。

つまり、この高熱は結婚によるストレスだったんです。

26年間ずっと自分ひとりのペースで暮らしてきて、そこに突然他人が入り込んできたわけですから。気持ち的には別に何もストレスを感じてないつもりでも、体に表れてしまったんですよ。家に帰ったら人がいるとか、寝返り打ったら誰かいるとか。それで現場に行けば「嫁になんて呼ばれてんねん？」と聞かれる。いろんなことが重なって、そうなってしまったのでしょう。

結局、その日はそのまま『ケータイ大喜利』の生放送に出て、寝て起きて体温を測ったら、もう35・8℃に下がってました。

ほかにもあります。そこからさかのぼること2週間ほど前から右耳が聞こえにくくなって、突発性の難聴になってたんです。今は漢方の薬を飲んでますが、こちらも原因はストレスで。

しかしストレスで39・7℃って！

ストレスで突発性難聴って！

こんなん、すぐ離婚や！（笑）

余談ですが、『ケータイ大喜利』の本番前に板尾さんとこんなやり取りがありました。

「お前、式は？」

「やらないです」

「絶対やれ。お前が『やらへん』言うたら、そりゃ嫁も『やらなくていい』って言うよ。周りもテンション上がってるから、今は『やらんでええか』って親族も言うよ。でも後々『やったほうがよかった』ってなるから、絶対に式はやれ」

板尾さんは普段、上から押し付けるようなことは言わないのですが、式に関しては「絶対やれ」と。そうこうしてるうちにまもなく本番です。

「本番いきまーす。3、2、1……」

「結婚式だけは絶対にやれよ」

「もう本番始まってますけど」

ですから、さすがにちょっと考えてみようと思います。

千原ジュニア×東野幸治
〝連れション対談〟

便所本シリーズの特別企画としてすでにおなじみの大型対談。今回は同じ事務所の先輩である東野幸治が初降臨。「同じ女性と二度結婚した」という〝特殊〟な経歴を持つ大先輩に、新婚のジュニアは何を聞く？ かつてない対談が今、始まる！

――シリーズ5冊目の今回、大きなトピックといえば、やはりジュニアさんの『結婚』（P387に掲載）になるかと思いますが。

東野　今でも覚えてるわ、15～16年前ルミネの楽屋でさ。ここまで社交的じゃなかったジュニアが「マジタレ欲しいわー、マジタレ欲しいわー」って（編集部注：マジタレとは真剣に交際している女性のこと）。「結婚したらマジタレできんのかな?」って。「こいつ最低やな」って思いましたもん（笑）。それがまあ、いつかは結婚するとは思ってましたけど、ジュニアも変わってきたんやろね。当たり前やけど、結婚生活が苦痛じゃないみたいやし。穏やかになったんやろね、ええことや。

ジュニア　兄さんは、いつ結婚したんですか？

東野　24歳。もう23歳と17歳の娘がおる。

ジュニア　なぜそんな早くしたんですか？

東野　「面白そう」っていうのが、まずあって。向こうはもともと俺のファンやったし、「結婚したい」ってずっと言ってたから「ほんならええよ」って。ほんま子供が結婚するみたいな感じやった。そんな深く考えてたら、絶対にできへんからね。

ジュニア　考えたら、できないですね。女性もどんどん出てくるし。

東野　ほんまそう。どっかで止めないと。

ジュニア　そうですよね。

東野　俺らが若いときは「こないだ浮気した」って言うてもお客さんは引かなかったけど、今はもう「そんな怒る!?」ってぐらいに。

ジュニア　でも、若くして結婚すると、大変だったんじゃないですか？
東野　そやなぁ。子供がインフルエンザにかかったりすると、「周りの芸人は楽しそうに遊んでるのに、俺だけ大変なことばっかりやん！」って。でも、待てよと。「遅くに結婚したら、年取ってからこんな辛い経験すんねや」って。それからは「先に結婚してよかった」って思うようになったね。
ジュニア　やっぱり子供ができると、大きく変わるんでしょうね。
東野　ほんまかどうか知らんけど、松本さんが「頭ツッコまれんの嫌や」って言うてるらしいで。「子供に観られてるから意識してまう」って。まぁ、あくまで噂やけど（笑）。
ジュニア　アホがバレたら子供がイジメられるって理由で、クイズ番組に出ない芸人とかいますからね。「お前の親父、漢字書かれへんやんけ」って。

東野　方正師匠は昔、モリマンとの対決を観た我が子が「ギャー」って泣いたらしいけどな。でも大きくなった今は、一番好きなのはそのモリマンとの対決なんやって。あと『笑ってはいけない』でバンバン叩かれるやつとか。

ジュニア　へ〜、いい話じゃないですか。「これで私は大きくしてもらった」っていう。

東野　それをわかったうえで「お父さん面白い、楽しい」って。ただ方正師匠は、叩かれるのがほんまに嫌やねんて。もう頑なに「嫌や!」って（笑）。

ジュニア　でも東野さんのご家庭って、特殊じゃないですか。

東野　特殊やね。

ジュニア　なんで離婚することになったんですか?

東野　きっかけは、仕事で東京に行くようになって忙しくなってきたんよ。ええことなのに、その辺りから嫁いわく「何なんこれ!?」ってなってきたらしくて。「あんたばっかり楽しそうやん」って。

ジュニア　え——っ!?

東野　売れてないころに結婚したのに、「なんで!?」って。そうしたら「家を買いたい」って言うから、銀行に借金して家を買うたんよ。それで建てて半年したら「離婚しよう」って言われて。それが結婚して10年目ぐらいかな。

ジュニア　家も建てたのに、なんでなんすか？

東野　もちろん聞いたよ。「家欲しいって言うてたやん。なんで離婚なん？」って。そうしたら「家買うたら気持ちが変わるかなって思うたけど、あんま変わらへんねん」みたいな。

ジュニア　おお――――。

東野　おお――――、ってなるやん！　めちゃくちゃやな、って思って（笑）。それで「よく考えや」って言って。売れないころに一緒になって、お金もある程度もらえるようになって、メニュー見ても好きなもの食べられるわけやん。「今月の生活どうしよう」という不安も、もうない。「これでええやん」と言っても、嫁からしたら「そういう言い方が腹立つ」と。「何を上から言うてんねん」って。

ジュニア　不思議な話ですねえ。

東野　それで1回離婚したんよ。向こうも働きだして、「じゃあ子供の世話は誰が見るの？」ってなるよな。離婚してお互いの家を行き来してる状態やったから、嫁のほうが「離婚したまま同居でもええんちゃうの？」って。俺も「そやな」って賛成して。離婚して3年ぐらいでまた同居するようになって。でもそのうちに、ケータイでも飛行機でも〝家族割〟ってあるやん。各所の支払いとかいろいろ面倒なことになるから「じゃあもう1回復縁しよか」ってなって。だから正式に再婚したのは離婚してから10年後。

ジュニア　1回離婚したのは、お子さんは知ってはるんですか？

東野　全然知ってる。お互いの家を行き来してたときは夜、子供は嫁の家に帰るわけで。夜、お別れやってなると、子供が手を伸ばしながら寂しそうな顔をすんのよ。それを見て「かわいそうやな」って思いと同時に、仕事柄「面白い顔すんなあ」って思ってしまったりとか（笑）。

ジュニア　なんかせつないですねぇ。
東野　だからもう、離婚はせえへん。
ジュニア　へぇ――。
東野　嫁がいたらうっとうしいこと、あるやん。ジュニアはまだ、面倒くさく思うことないの？
ジュニア　今のところは、まだないですね。
東野　凄いな！　「ちょっと車で、買い物行けへん？」とか言われへんの？　「そんなん自分で行けや」って思うけど、それを言ったらケンカになるやん。だから「おお、行こか」って言うけど。
ジュニア　そんなん言われないですね。向こうが勝手に買ってきますから。
東野　「家にいるんやから、一緒に行こうや」とは、言ってこないの？
ジュニア　言ってこないですね。
東野　じゃあまだ本心出してへんのちゃう？
ジュニア　向こうが？（笑）
東野　そう、向こうが。それで友達と話してて「あんたの旦那、そんなことまでしてくれるの⁉　ウチの旦那はしてくれへんで！」って、なるよ。
ジュニア　でも今のところ、揉めるようなことは一切、ないですね。
東野　夜、家でご飯、食べるやん。片づけは？
ジュニア　向こうです。その皿を夜に洗ってるのか、朝に洗ってるのかも知らないです。
東野　俺なんか、朝起きてキッチンに皿がそのまま残ってたら「ええっ⁉」てなるけどね。
ジュニア　俺はそこらへん、一切見ないです。向こうのペースに任せてるんで。
東野　どんだけええ旦那やねん！　一緒にテレビ観ながらご飯食べてるやん。食べ終わって15分も経ってるのに向こうが高笑いしてたら、イラついてくるもん。俺、意外とテキパキしてるから「先に洗ってから、観たらええんちゃうの？」って。

でもそれを言ったらケンカになるから、ずっと皿を見てんねん。「こいつ全然洗わへんな」って（笑）。

ジュニア　それで、どうするんですか？

東野　あるとき思ってて、「俺が洗おう」と。自分でやればイライラがなくなるわけで、バーッて洗うねん。それが段々当たり前のようになって。でもご飯は俺のほうが先に食べ終えるやん。だから嫁が食ってるところをずっと見てる。早く洗いたいから（笑）。でも、今度はそれで怒られる。

ジュニア　そこでも怒られるんですか？

東野　そう。「何なん⁉」って（笑）。

ジュニア　そこまでいったら、さすがに……。

東野　同じトーンでいったらケンカになるから、「いやいや、違うやん」って返します。離婚ももう嫌やから、「いや、違うやん」って、言い訳ですよ。惨めなくらいの言い訳（笑）。

ジュニア　アハハハ！

東野　でも、結婚生活は51：49で楽しいことのほうが多いかなぁ。

ジュニア　ギリッギリですやん（笑）。その僅差は、何なんですか？

東野　俺の勝手な幻想かもしれへんけど、「子育てもだいぶ落ち着いた」とか「嫁も楽しそうにしてる、よかった」とか、そういう2（笑）。でも世のお父さんなんて、こんなもんですよね⁉

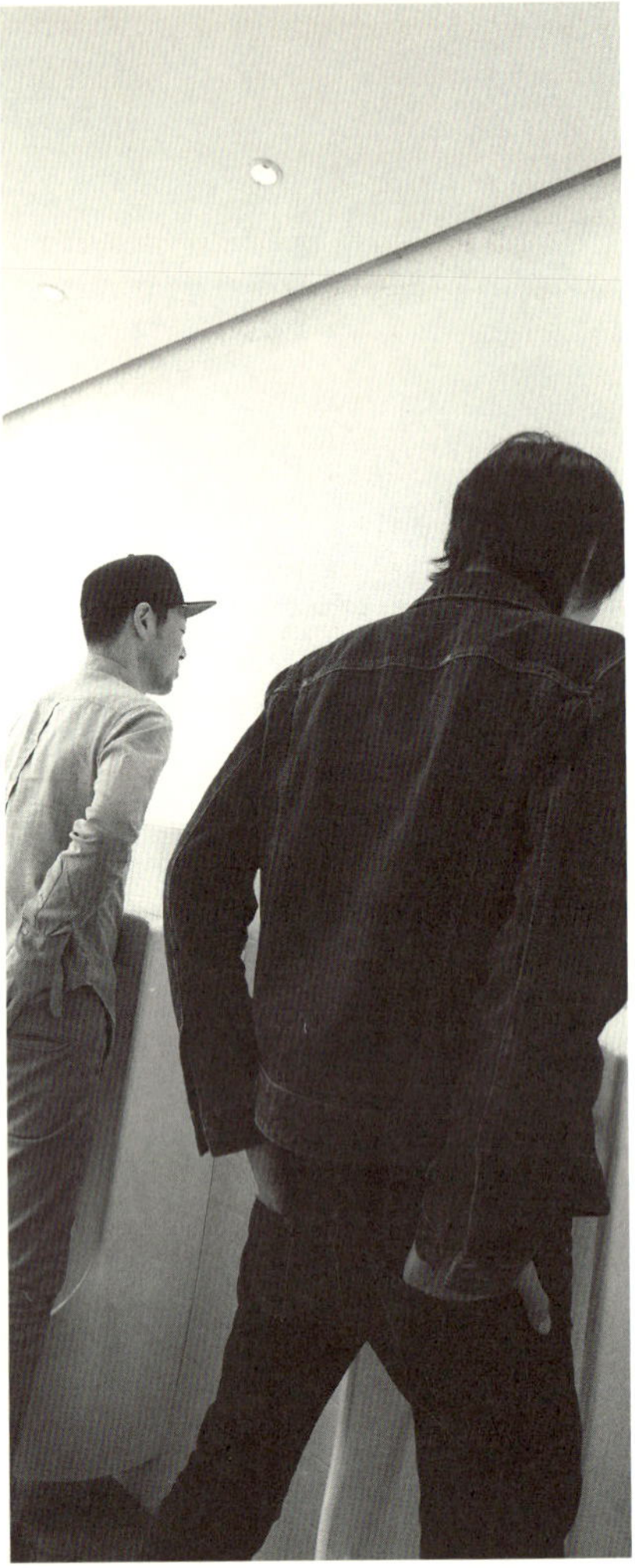

――そうだと思います（笑）。

ジュニア　東野さんって、家族のことをテレビでも話したりするじゃないですか。

東野　子供も嫁も「もう絶対ネタにしないで」って言うよ。でも言ったらウケるしさ。なんやったら、俺はもともと言いたいタイプやし。でも最近はマジで「やめて」ってなってるから、そこが面倒くさい。

ジュニア　でも収録中に、その家族ネタがすぽっとハマるってときがあるじゃないですか？

東野　あるねえ。

ジュニア　それでも呑み込むんですか？

東野　離婚したくないから、呑み込むよ。

ジュニア　うわ――、大変!!

東野　だから宮迫とか凄いよな。「嫁がソファに横になったまま動かない」とか、もう嫁に怒られるってわかっててもテレビで喋り続けるもんな。

ジュニアはせいじの上をいってるのかもしれない

――おふたりの関係でいうと、この連載では『あーあどえらい世代』（第二巻『とはいえ、便所は宇宙である』P109に掲載）という話がありました。バイク事故で入院中のジュニアさんに、『パペポTV』最終回のノーカットビデオを差し入れした東野さん。顔面グチャグチャで裏方への転身を考えていたジュニアさんが、それを観て「やっぱりこっちの世界に戻りたい！」と決心したという、とてもいい話でした。

東野　当時のことは覚えてますよ。最終回がとても面白くて、知り合いの読売テレビのお偉いさんに「完パケのやつを貸してください」って頼んでも「ダメです」と。「局としてアカン」と言われたんですが、「誰にも見せないから」と無理言って借りて。それでノーカット版を観たら、まあ面白い。それでお偉いさんとの約束も忘れて、みんなに貸しまくりました（笑）。そんななかジュニアが事故ったというのを聞いて、ヒマやろうからと思って、持って行ったんですよ。

ジュニア　めちゃくちゃ面白かったですもん。ありがとうございました。

東野　でもそのときはビデオを渡したことよりも、お前の顔面に引いてたわ（笑）。顔面ボロボロやのにタバコ吸うてたし。よく治ったな、自分！

ジュニア　おかげさまで（笑）。

東野　しかし上岡師匠と鶴瓶さん、さんまさんと紳助さん、四者四様で面白かった。

ジュニア　鶴瓶さんも今の感じではないですし。

東野　そうやね。鶴瓶さんは、上岡師匠が引退するのをあんまりどうとも思ってない感じが、またね（笑）。さんまさんと紳助さんを会わそうとしかしてないのが、また面白くて。

ジュニア　何か他にもいっぱいビデオ持ってきてくれましたよね、タイソンのやつとか。

東野　あー、持って行った！　そういえばパッキャオの試合、観に行ったんよね？

ジュニア　ひとりでラスベガスまで観に行きましたよ。（※P274の『MGM』を参照）

東野　それでこっち帰って来て、パッキャオに会ったんやろ？

ジュニア　はい、偶然にも。（※P361の『三代目』を参照）

東野　しかしジュニアも、アクティブになったよなあ。ひとりで海外に行くようになるとは！

ジュニア　10年ぐらい前、吉本新喜劇をロスでやるっていうて、行きましたもんね。まだ海外にはあんまり行ってなかったころやから、東野さんの後ろをずっとついて歩いてましたもん。

東野　「外国人、怖い。何言うてるかわからん」って言ってたもんな（笑）。今はもう平気やろ？

ジュニア　もう大丈夫です。

東野　だって泉ピン子さんの家に行ったんやろ？　ジュニアも変わったわー（笑）。

ジュニア　アハハハ！

東野　ピン子さんとジュニアがロケしに行くという特番のダイジェストを、たまたま観て。ピン子さんはいい人やけど、ガサツな感じがするじゃないですか。だから「ジュニア、こんな嫌な仕事やってはるわー」って勝手に心配しててん（笑）。

ジュニア　嫌な仕事って（笑）。

東野　そうしたら後日、品川駅でピン子さんに偶然お会いして。だから「ジュニア、どんなんでした？」って聞こうとしたら、「今度、ジュニアがウチに遊びに来るのよー」って。「えっ⁉　ジュニア、ウソやろ？」って思って。その日、名古屋でジュニアと仕事やったから、「ピン子さんのお宅に行くらしいな。お前はええかもしれへんけど、一緒に行く後輩はかわいそうやで」って言ったんですよ。そうしたら、「兄さん、ひとりで行くんです」。「ええええっ！　お前、どうした⁉」って（笑）。

ジュニア　ちなみに、今日のお昼ご飯はピン子さんからいただいた干物を食べてきました（笑）。

東野　アクティブやわー。ほんま、さんまさんや鶴瓶さんみたいなタイプになるんちゃうか？（笑）

ジュニア　いやいや、とんでもない！

東野　こないだ、さんまさんの面白エピソードを紹介するっていう番組をやってたんやけど。そのひとつに、写真週刊誌に好き勝手書かれて嫌気がさしたさんまさんが、ひとりでハワイに行ったんやって。一方、卒業旅行でハワイにやって来た大学生のグループがビーチで遊んでいると、後ろから「お前ら、何してんねん？」って言われ振り返ったら、さんまさんが。学生も「ええっ⁉」てなって。そこでさんまさんが「みんなで喋ろうや」って2時間くらい笑かして。それで「この後、お前らどうすんの？」「浜辺に夕日を見に行きます」「ほんなら時間あったら行くわー」言うて、別れて。学生らが浜辺で夕日を見てると、後ろから「おーい！」って聞こえてパッと振り返ると、さんまさんが人数分のバドワイザー持って来てんて（笑）。それで「ええっ⁉」と思いながら「夕日きれいやなー」とか言いながら、またそこでも喋り倒して。「お前ら、この後何かあるん？」「僕らコンドミニアム借りてるんで、そこでご飯です」「そうか、時間あったら行くわー」と、

さんまさん。ほんなら案の定、夜にピンポーン鳴って開けたら、また人数分のバドワイザーを持ったさんまさんがいたっていう（笑）。ジュニアも、そんなタイプの芸人に変わっていくんちゃう？

ジュニア　なれるかっ！　というか、それひとりでいるのが寂しかっただけでしょ（笑）。

東野　ひとりで来たものの、っていう（笑）。

ジュニア　でも海外で東野さんの後ろくっついて歩いてたりとか、「社交性なんか一切ない」って自分で思い込んでただけかもわかりませんね。芸人はこうあるべきというか。やっぱり俺のなかにも、せいじと同じ血が脈々と流れているんやなって（笑）。

東野　面白い変わり方してるわー。奥さんだって空港でナンパしたんやろ？

ジュニア　はい。昔だったら考えられないです。

東野　もう、せいじより上いってるかもわからんで。まだ真っ暗な部屋じゃないと寝れないとか、あんの？

ジュニア　昔はカーテンから漏れてくる光も嫌で、ガムテープで壁に貼っつけてましたけど。それも、そうじゃないような気がしてきて。行けるんちゃうかって（笑）。

東野　アハハ！　そのうち、せいじの代わりにアフリカ行ってるかもわからんで（笑）。

――この連載では普段テレビでは話さないような、

ジュニアさんの芸に対する話が出てきます。例えば、『毎日死ぬ』（P240に掲載）。これは「自分の中にバッテリーがあったとして、夜寝るとき『今日は68％も残ってるやん』という日があったらダメだと。そんなもんゼロになるまで家に帰ってくるなって話です」といった内容で……。

東野　ストイックやなー。

ジュニア　いやいや（笑）。東野さんには座右の銘みたいなものは、ないんですか？

東野　何やろ？……「丁寧に」かな。寝不足が続いたりすると、雑になってまうねん。だから受けた仕事は全部「丁寧に」やる。それは心がけてる。

ジュニア　なるほど。

東野　でもさ、ジュニアの仕事の仕方も、よくわからへんよね。「そんなのに出なくても」ってのにも、出てるやん。何年か前、ＡＫＢの総選挙にゲストで出てたやろ？　観てたらお前が出てきて「断ったらええのに」って思ったわ。お前やさしいから、誰かにつけこまれたんやろ？（笑）

ジュニア　たしかに、ＡＫＢは３人弱くらいしか知りませんからね（笑）。

東野　借金でもあるんか？　そのためにＡＫＢの番組に出てたら面白いけどな（笑）。

ジュニア　トラウマが、まだどこかにあると思うんです。事故って、仕事が全部なくなったという。

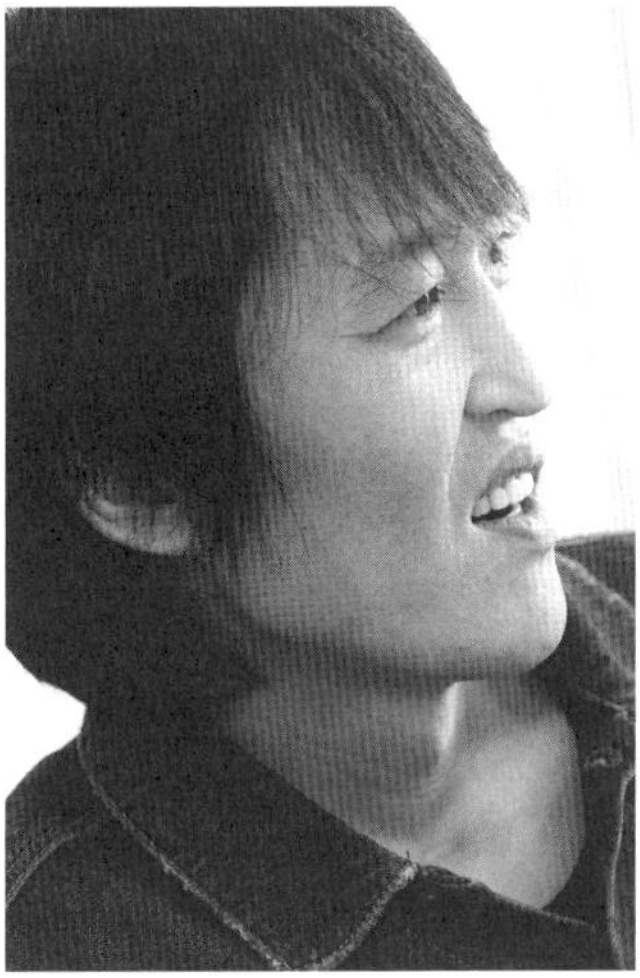

東野　まだ、それあるの⁉

ジュニア　ありますね。だから「こんな仕事来てるんですけど」「おー、やるやる」って。東野さんは、どうなんですか？　仕事、断ります？

東野　兼ね合いとかでけっこう断ること、あるよ。何でもかんでも受けてると疲れるし、雑になんねん。丁寧にできなくなるから、断ってしまう。

ジュニア　へぇー。

東野さんって、ちゃんと絶望してはりますよね

――ジュニアさんは今年で42歳、東野さんは49歳になります。今後の仕事についてはどう考えてますか？

東野　50歳越しても面白い番組やってるのって、吉本でいえばさんまさんとダウンタウンさんだけでしょ。だって50歳の芸人なんて、俺らが入ったころからしたら、ええおっさんですし。

ジュニア　もう大師匠ですよね。そもそも東野さんはどんな50代を描いてはるんですか？

東野　30歳ぐらいに何となく思ったのは、50歳ぐらいで大阪に帰って、（やしき）たかじんさん的な存在になろうと思ってた。別にそうなろうと動いてたわけじゃないけど、結果的にワイドショー的な番組を多くやるようになったんやけど。

ジュニア　東野さんって、若いときからちゃんと絶望してはりますよね。

東野　してる。それはダウンタウンさんに出会ってるから。

ジュニア　俺が若いころ東野さんにメシ連れてってもらったとき「俺はダウンタウンさんに東京に連れて来てもらった。それと同時に〝二流タレント〟という切符を渡されたんや」って。

東野　確かにそう言った。35歳ぐらいのとき。
ジュニア　まだまだこれからっていうときにそれ言えるって凄ぇな、って思いましたね。自分にちゃんと残酷やなって。
東野　ダウンタウンさんに出会ってしまったからね。『ごっつええ感じ』が終わって、35歳ぐらいから45歳ぐらいまで、俺のなかの芸能界に松本さんは存在してなかったから。いない体《てい》でやってた。
ジュニア　一緒の番組も全然なかったですもんね。
東野　自分のなかでそう思ってたから、全部断ってたんちゃう？　まあ「俺の生きてる芸能界に松本さんはいない」とマネージャーに言っても、「この人怖い」って引かれるだけやから言わなかったけど（笑）。
ジュニア　でも松本さんは松本さんで、それを感じ取ってはったんでしょう。紳助さんが謹慎してるときの『松紳』で「1回、東野とやりたい。ふたりだけやとアレやから、お前も来てくれや」って。それで3人でやったことありましたね。

東野　あったなー。

ジュニア　だからその流れで、今の『ワイドナショー』なのかなって、俺は思ってますけど。

東野　なるほどね。まぁ、そもそも『ごっつ』のメンバーは、みんな『ごっつ』の話はせえへんから。それはもうみんな、ダウンタウンさんに挫折してるから、話さないんやと思う。

ジュニア　なるほど。

東野　今、どんな番組でも好きにできるって言われたら、どんなのやりたい？

ジュニア　60代、70代のおっさんと喋る番組とか。

東野　アハハハ！

ジュニア　あとはゴリゴリのディレクターに操縦されるバラエティってやったことないんで、やってみたいですね。若いディレクターからの「これやってくれ」という要求に応えるっていう。僕らが若いときは、そういう番組なかったんですよ。

東野　でもジュニアが若いときにゴリゴリの人と出会ってても、反発し合ってたかもわからんし。

ジュニア　それはありますね（笑）。

東野　今は尖っててもアカン時代やし。だから革命的な人が出づらいというか。

ジュニア　たしかに、昔は『時代がひっくり返る音』（P212に掲載）がした瞬間って、いくつかありましたもんね。ダウンタウン、辰吉丈一郎、ブルーハーツ。

東野　それ以前だと忌野清志郎、YMO、アントニオ猪木とかもそうやしな。芸人で言うととんねるずさんみたいな、人の番組に出ないでドーンと行く人とか、出てきてほしいけどなぁ。

——若いころでいうと、ジュニアさんが〝ジャックナイフ〟と呼ばれていたころの印象は？

ジュニア　「呼ばれていた」じゃなく、この人がそう言いだしたんや！

東野　俺は違うよ。今田さんやろ？

ジュニア　そのふたりや！（笑）

――当時の写真は『と千原ジュニア』（P394に掲載）に載っているんですよ。

東野　（その写真を見て）うわー、ほんまや。でも今、こんなヤツおれへんやろ？

ジュニア　自分で言うのもなんですけど、いないですね。

東野　黒いグラサンに黒いロングコートを着て、銀座7丁目劇場に現れた千原ジュニア。極楽とんぼの加藤とメンチを切り合い、両者の間には何かあったら止めようと身構えるダイノジ。するとジ

ュニアはタバコの煙をくゆらせながら去っていき、角を曲がるとジュニアの姿はない。上を見ると小窓が開いていて、空にはカラスが飛んでいた……という都市伝説、あれほんまなん？

ジュニア　知りませんよ！

東野　今では有名な竜兵会もそれでできたって言うからね。「大阪から千原兄弟というのが来るらしい。ジュニアというヤツはすべった芸人をナイフで刺す」と怯えた関東芸人たちが作戦会議を開き、それが竜兵会になったという（笑）。

――でも東野さんはジュニアさんのことをずっと知ってたわけで、そんなことするわけないと？

東野　するわけないと思ってました。でも、可能性はあながちゼロではないなぁと（笑）。俺はもう東京にいてたし、親しかった出川さんも真面目な顔でジュニアにびびってたから、「ジュニア、そんなふうになってもうたんや」って。「俺も刺されたらどうしよう」って怯えてた側ですから。

ジュニア　なんでやねん（笑）。

東野　でも自分の番組に、あのころのお前みたいなヤツがゲストに来たら？

ジュニア　……まあ共演NGですよね（笑）。

東野　いや、そこはかわいがってやれよ！

東野幸治

1967年、兵庫県生まれ。1985年にピン芸人としてデビュー後、『4時ですよ〜だ』で頭角を現し、『ダウンタウンのごっつええ感じ』で東京進出。現在は『行列のできる法律相談所』『ワイドナショー』『ちゃちゃ入れマンデー』などのレギュラー番組に出演中

あとがき

今回はシリーズ最大本数の100本を収録するということで、僕が独身だったころから結婚に至るまでの日々を1冊にまとめさせていただきました。

週刊SPA!でこの企画が始まってからまもなく丸6年です。そんなに長くこの連載をやっていると、面白いことにあまり出会わなかったりする、そういうバイオリズムのときがあるんですよ。でも向こうからやって来なければ、こちらが生み出せばいいわけで。6年前と今とでは世の中もだいぶ変わりましたし、言葉でも〝コンプライアンス〟なんて今ほど頻繁に使われていませんでした。

『Wの悲劇』という映画があります。今のネットばかりしている子たちがこのタイトルを見たら、『笑いの悲劇』と読んでしまうんじゃないかなって思うんですよ。「Wって笑うときに使うけど、『笑いの悲劇』って何やこれ!?」って。とまあ、そんなふうにふと思ったことを書き連ねているだけですから、ウンコをするのと一緒でこの企画に終わりはありません。少なくとも、扶桑社さんから「今までありがとうございました ー」と言われるまではできます。

この5冊目のなかで、僕は結婚をしました。今までなら、女性と2泊ぐらいして、その女性が帰った瞬間に「はぁぁぁぁ〜」と、どっと疲れが出たものでした。それはなぜか？　その女性に問題があったのではなく、僕自身に問題があったからなんです。その人と「結婚しよう」と思ってたら、そうはならないのですから。奥さんとはもう106泊ぐらいしてますが、全然そうはなりません。


さてその奥さん、自宅に置いてあるこの『便所は宇宙である』シリーズを読み始めたそうです。すでに4冊出ているので「どこまで読んだ？」と聞くと、

「1巻の途中でやめた」

何でやねん（笑）。そして、「どの話が面白かった？」と聞くと、

「『黄色いマンボーが4匹飛んできて僕の体をチューチュー吸うのです』が一番面白かった」

なんで、それやねん！　今まで450本以上のお話をさせていただきましたが、それだけ忘れてたわ！（笑）

また、今回の〝連れション対談〟では、東野幸治さんにご登場いただきました。対談して、凄く面白かったですね。話していて本当に居心地がいいですし、東野さんといて居心地が悪い人なんかいるのかな？　というぐらいです。

対談では、吉本新喜劇でロスに行ったことなど、懐かしい話も出てきました。当時、言葉の異なる外国に行くことを恐れていた僕は、現地でずっと東野さんの後ろにくっついて歩いていたと（笑）。

そのとき、こんなこともありました。

当時、僕も東野さんもまだタバコを吸っていて、アメリカはタバコへの課税が凄いですから値段が高いんです。いわば高級品であるタバコを僕が吸っていると、現地の人が「くれ！」って言ってくるんですよ。僕はビビって「ええっ!?」てなっていたら東野さんが出てきて、相手の目をじっと見つめ「NO!!」と一喝。「こんなところに、NOと言える日本人がいたんや！」って思いましたね。それからです、ずっと後ろにくっついて歩くようになったのは（笑）。

対談を改めて読むと、東野さんが「芸人としてちゃんと絶望してる」ということが改めて凄いと思いましたね。芸人のなかには、絶望できずにカン違いしてやってるヤツがいっぱいいいますから。でも本当は、早く絶望できた者勝ちなんですよ。絶望できた者が、いち早く自分の椅子に座れるというか。

後楽園ホールにボクシングを観に行くと、たまにこんな光景を目にします。5戦0勝5敗のボクサーが、1ラウンドKO勝ちして、ウワーって喜んでいるんですよ。残酷ですが、僕はその光景を見て「凄い悲劇だな」って思ってしまうんです。というのも、このKO勝ちの気持ちよさが忘れられずボクシングを続けてしまうんだろうなと。やめどきを失い、カン違いしてしまうのだろうなと。つまり、負けていれば絶望しきれていたのに。

その点、東野さんは冷静に、クールに絶望しきれた結果、自分だけの椅子を見つけることができ、大活躍されてるのですから、やはり凄いんです。

僕はといえば、まだ絶望しきれていません。

やっぱり「4番を打ちたい」という気持ちでこの世界に入ってきたので、それを捨てる気はありません。

そういった意味でいえば、ほとんどの芸人は〝Wの悲劇〟なんですよ。

最後に、5冊目のタイトルの頭4文字は『このたび』とつけさせていただきました。結婚して心機一転ではないですけど、「改めてよろしくお願いします」というような意味も込められるんじゃないかと。

しかし、『このたび、便所は宇宙である』って……6年も続くなら、もうちょっとマシなタイトルにしておけばよかったと改めて後悔しています。文字通り、クソみたいなタイトルです。6冊目が出るなら、しれーっと全部変えようかな（笑）。

2016年2月某日　自宅の便所にて　千原ジュニア

千原ジュニア

'74年3月30日、京都府生まれ。15歳で芸人の世界に飛び込み、'89年に実兄のせいじと千原兄弟を結成。現在はテレビ『世界の村で発見！ こんなところに日本人』『着信御礼！ ケータイ大喜利』『にけつッ!!』『ざっくりハイタッチ』『超絶 凄ワザ！』『白熱ライブ ビビット』『ダラケ！〜お金を払ってでも見たいクイズ』、ラジオ『千原ジュニアのRPM GO！GO！』など数多くのレギュラー番組を持つ。主な著書は『14歳』『3月30日』（幻冬舎よしもと文庫）、『すなわち、便所は宇宙である』『とはいえ、便所は宇宙である』『あながち、便所は宇宙である』『はなはだ、便所は宇宙である』（小社刊）など。また、『週刊SPA！』誌上では「すなわち、便所は宇宙である」を連載中

［構成］
村橋ゴロー

［協力］
大谷彩乃（よしもとクリエイティブ・エージェンシー）
上田浩平（よしもとクリエイティブ・エージェンシー）
松野浩之（よしもとクリエイティブ・エージェンシー）
吉岡 俊

［編集］
田辺健二（扶桑社）

本書は『週刊SPA!』2014年6月3日号～2015年11月17日号に掲載された
「すなわち、便所は宇宙である」を大幅に加筆修正し、未掲載分を加えたものである。

このたび、便所は宇宙である

2016年2月20日 初版第1刷発行

［著 者］
千原ジュニア

［発行者］
久保田榮一

［発行所］
株式会社 扶桑社
〒105-8070 東京都港区芝浦1-1-1 浜松町ビルディング
［電話］03-6368-8875（編集） 03-6368-8858（販売） 03-6368-8859（読者係）
http://www.fusosha.co.jp/

［印刷・製本］
大日本印刷株式会社

ISBN 978-4-594-07431-9